鉄道愛を語る

十人十鉄の鉄道話

「旅と鉄道」編集部 編

天夢人
Temjin

Contents

中川家礼二 …… 6
松井玲奈 …… 14
石原良純 …… 22
藤田大介 …… 30
廣田あいか …… 38
小島よしお …… 46

南田裕介 …… 54
福澤朗 …… 62
田中要次 …… 70
久野知美 …… 78
木村裕子 …… 86
笠井信輔 …… 94

瀧野由美子 …… 102
岡安章介 …… 110
ミッツ・マングローブ …… 118
SAORI …… 126
伊藤壮吾 …… 134
吉川正洋 …… 142

市川紗椰……150
村井美樹……158
「鉄道愛を語る」特別編①
祝！ 2022年開業西九州新幹線
長濱ねる……166
「鉄道愛を語る」特別編②
祝！ 2022年只見線全線復旧
六角精児……170

※本書は『旅と鉄道』2019年11月号～2023年3月号に掲載の「鉄道愛を語る」、および『旅と鉄道』2022年増刊11月号、12月号をまとめたものです。単行本化にあたり、適宜加筆修正を行っております。

中川家 礼二

Reiji Nakagawake

どちらもオ・モ・ロ・イ 東西の鉄道

Profile

なかがわけ・れいじ

1972年1月19日生まれ。大阪府出身。1992年4月、実の兄である剛(つよし)とコンビ「中川家」を結成し、1993年に2丁目劇場でデビュー。2001年ABC「M － 1グランプリ」初代チャンピオン。特技である〝鉄道ものまね〟は小学2年生から始めた。著書に『「笑う鉄道」(中川家礼二責任編集長)』(ワニブックス・ヨシモトブックス)など。

鉄道好きになった原点は生まれ育った京阪電車です

――鉄道好きになられたきっかけは。

礼二　原点は、京阪電車です。小学校2、3年生の頃かなぁ、先頭車両に乗って前の景色を見たとき、高架複々線の開けた様子にインパクトがあって。「すごいなぁー」思いましたね。そっから電車好きが始まりました。最初は京阪だけやったんですけど、買ってもらった鉄道雑誌に京阪以外の路線がいろいろ載ってたんで。だんだんとほかへも、興味が広がっていきました。

関西はほんとに私鉄が主で、次がＪＲみたいな感じですけど。東京に出て来てみると、ＪＲと地下鉄がメインで私鉄があとと、構図が違う。そんな対比みたいなんが好きなんですよね。

関東は、有料特急がえぇですよね。関西には近鉄以外なかったから。特に小田急の「ロマンスカー」は衝撃でした。展望席を知って「あーゆーのに乗って見たいな」って、あこがれてた。けど、プライベートやとなかなか特急券が取れんし、初めて乗れたのは仕事でした。運転士になれたような気分になって、そういう目線で見られるんで、すごい楽しかった。小学生時代の京阪での〝かぶりつき〟と、おんなじ気分でした。

――関西と関東の私鉄はそんなに違いますか。

礼二　関西はねぇ、いろいろあるんですけど。沿線ごとに、何か〝人間性が変わる〟。南海とか近鉄は、結構下町っぽい。阪急になると、ちょっと大阪のなかでもセレブな感じ。大きい声ではしゃべれませんけど、〝こんなん見たことないな〟って雰囲気の人もおりますよ。

阪神と京阪はちょっと被るんです。南海・近鉄と阪急との間というか、下町感もあり、ちょっとした高級感もある。そんな違いが、わかりやすいんですよね。

関西だと、たとえば初めて知り合った人に「どこの電車乗って来てんの?」ちゅうたら、「なになに電車」って。あぁ、何かそれっぽいなぁ。そういうのが、よくわかる。

生まれ育った沿線による違いって、ある思いますよ。大阪でも南のほうと北のほうとでは、文化というか環境というか、ずいぶんと違います。南のほうは結構、威勢がいいというか、〝ほんまもんの大阪〟っていうイメージ。北へ行くと、自分らの親世代ですけど、九州・四国あたりから出てきた人が街になじんでる。そういう、すみ分けみたいなもんが感じられますね。

関東でも、沿線によって多少の違いはあるんでしょうけど、関西ほどには強くない。関東の私鉄って、全部の路線が都会から郊外へと流れてってるでしょ。ぼくら関西の人間からしたら、妙な感じですよね。東急なんかは阪急をモデルにしたというんで、街造って線路引いて。ほんとに「通勤のために走らしてる」って印象ですけど。

ぼくがほんま面白いって思ったのは、東京の地下鉄やね。ほぼほぼすべてに私鉄が乗り入れてきてるでしょ。あんまり大阪ではないことなんで、ちょっとドギモを抜かれました。関東の場合は私鉄の駅まで行かなくっても、地下鉄のホームで待ってれば、その会社の車両が入ってくる。そういうバラエティーに富んでるって、面白さがありますね。

世田谷区内や渋谷～六本木間に普通の電車を走らせたい

――「中川鉄道」の社長になれたら、どんな列車を走らせたいですか。

礼二　ぼく、実際に電車を走らせたい場所があるんです。東京の世田谷・環七・環八通り沿い。あとは都心のど真ん中、渋谷から六本木までの間に電車のアクセスがないって不思議ですよね。

普通の通勤形でいいんです。

どっちも、鉄道を詳しく知らない人に「ここ、電車で行ける？」って聞かれて「ないわ」って答えるたび、人がいっぱい住んでて、人がいっぱい動いてるのに「何でないんやろ」って思ってました。特に世田谷通り。あそこ、バス渋滞がすごいんです。世田谷区、結構広くって人口多くって。京王・小田急があるけど、間がずぼっと空いてるじゃないですか。真ん中に、もう一本ぐらい通されへんのやろかと。利便性を考えますよね。夢というより、現実問題ですね。

東京と大阪の鉄道、おもしろポイント!

東京では私鉄がほぼほぼ地下鉄に乗り入れしていて、ドギモを抜かれた! 大阪で乗り入れは少ないからね

大阪は私鉄がメインで次にJR、逆に東京はJRと地下鉄がメインで私鉄、という対比が面白い!

大阪は北と南で文化が違うから、同じ沿線でも人間性が変わっていて、そこも魅力がある

――お子さんも鉄道好きとお伺いしましたが。

礼二　いやぁ、これがねえ……（苦笑）。小さいときにマニアックなコースばっかり連れてってもうて。たとえば、秋葉原から京浜東北線で大宮まで行って、東武野田線で春日部に出て伊勢崎線に乗ったりとか。小田急で町田まで、そっからＪＲ横浜線で長津田に出て、東急田園都市線に乗り換えて帰ったりとか。

　ぼくは楽しかったけど、子どもは、いくらなんでも退屈してしまって。それから付き合ってくれなくなってしまいました。

でも、こないだ家族で、しなの鉄道の「ろくもん」とか、えちごトキめき鉄道の「雪月花」にも乗りに行ったんですよ。観光列車、めっちゃくっちゃよかった。それまでは、観光列車乗るのも番組のロケばっか。くつろげるか言うたら、くつろげない。それが家族で乗ったら、ほんま楽しかったね。

まともにプライベートで、地方の鉄道に乗りに行ったことがなかったから「こういう楽しみがあんのか」と。列車の中でご飯食べて、景色眺めて、ちょっと酒飲んで。

家族が一緒に行ってくれたのも、テレビで観て「こんな列車があるんだ」って話になって。鉄道にそんな興味のない人でも、実際乗ってみたら「すごい。こんな食べ物や、こういう絶景車窓があるんや」って気付いたりすること、多い思うんですよ。

鉄道好きも「どういう造りしてんねん」とか「どういうとこ走らすんや」とか、『時刻表』読みながら「どういう時間で行ってんのや」とか。どっちも楽しめるのが、観光列車のいいとこですよね。

癒されたいなと思ったらいろんな鉄道に乗ってみて

——車掌の物まねや新幹線の擬人化など、鉄道ネタも披露されています。

礼二　何気なしに、思いつくんですよ。特に意識して、好きな鉄道をネタにしようとは思ってないんですけどね。車掌は、マイクでしゃべったら、それっぽく聞こえる。それを自分の声で聞いてみたいだけなんです。そんなところが鉄道ネタのきっかけです。

新幹線のやつも、たまたま仕事で「こだま」しか停まらん駅で、ぼーっと列車を待っていたとき。ふだんあんまり「のぞみ」のスピードを外から体感することってないじゃないですか。それが、ごぉーっと通過する迫力に「おー、すごいスピードで走ってんな」と結構、圧倒されて。

そのすぐ後に「こだま」が、こそぉーっとやって来た。その対比が何とも面白かった。ぼくのなかで、そんな「こだま」がとっても愛らしく感じられたんです。

――鉄道と旅が好きな方に、メッセージをお願いします。

礼二　そうですね。いろんなところに出掛けて、いろんな列車に乗ってみる。すると、鉄道好きな方はもちろん、鉄道好きじゃない方も、ふだんのせちがらい感じの時間の流れがもっとゆっくりした時間の流れに変わってくる。心の癒しみたいに。「癒されたいな」と思ったら、いろんな鉄道に乗る。

ふだん使ってる電車の沿線だっていいんです。たまにね、土日とかに乗ってみたら、もっと違う風景が見える。ぼく自身も実際、ずっと京阪電車で通勤・通学してたんでわかるんですけど、曜日と時間が違えば、景色も全然変わる。そういうところを楽しんでほしいなと思います。

（インタビュー・２０１９年８月）

中川家礼二の鉄道データ

Q:京阪電鉄の魅力はどこにありますか?

A:当時、関西の阪急・近鉄・南海・阪神って、全部プロ野球の球団を持ってたんですよね。京阪だけなくって。そういう"地味め"なところが何か好きで。ターミナルも梅田・難波《なんば》じゃなくて中途半端な淀屋橋《よどやばし》なんだと。京都側もJR京都駅や阪急の河原町《かわらまち》あたりが中心で、京阪の三条はちょっと外れてる。そういうところが気に入ったんかな。あと、生まれたのが守口市《もりぐちし》、高校も京阪沿線で、京阪ばっかり利用してましたので。

京阪本線寝屋川駅付近を走る
2200系

Q:これから応援したい鉄道会社は?

A:地方の鉄道には、存続のために頑張ってほしいですよね。いろいろ手を変え品を変え、やってらっしゃるようですけど。JRでも、北海道なんかは毎年毎年、路線がなくなっていくんでねぇ。仕方ないことなんでしょうけど……。いま、観光列車ブームですから、地方の、沿線自体にあまり運賃収入がなさそうな路線では、ぜひ観光列車を走らせて"目玉"にしてほしいなって感じます。

冬の日本海を走る、
「えちごトキめきリゾート雪月花」

松井 玲奈

Rena Matsui

イロイロ気になる 鉄道のカタチ

Profile
まつい・れな

1991年7月27日生まれ。愛知県豊橋市出身。現在は役者、タレントとして活躍中。2019年4月には小説家としてもデビュー。

「リニア・鉄道館」の取材が鉄道好きになったきっかけでした

――鉄道に興味を引かれるようになったきっかけは？

松井　名古屋の「リニア・鉄道館」がまだ工事中で、新幹線車両だけが入っている状態のときに、お仕事で見学をさせてもらったのがきっかけですね。自分も子どもの頃、ずっと乗ってきたものが年代別に並んでるって懐かしさもあったんですけど。ふだん何も思わずに乗ってた新幹線が、こんなにも進化してってるんだっていう形状の変化にすごく引かれて。「あ、鉄道、おもしろいかも知れない」と思ったのが始まりでした。

新幹線でいちばん好きなのは２００系！　育ったのが東海道新幹線の沿線だったので、白と青のデザインが当たり前だと思ってたんです。けど、東北・上越新幹線の２００系は、ほぼ０系に近い丸っこい形のままで、緑色のデザインっていうのがすごくかわいくて。もうＥ５系とか、いろんなデザインのものが走ってたんですけど、慣れ親しんだ車両の色が変わるだけで、こんなにも印象が違うんだと思って。すごくお気に入りです。内装では、Ｅ７系の普通車指定席がとても好きです。

――鉄道関連のテレビドラマにも出演されていらっしゃいます。

松井　メ〜テレ(名古屋テレビ)の「名古屋行き最終列車」、一美役で7年目が終わったところです。初めて参加したときは、まだ鉄道が好きになる前だったんです。鉄道ファンの人たちから、乗り込んだ車両と中の車両が違うって結構ご指摘を頂いたらしく(笑)。まあ、それは、どうしようもないんです。名古屋鉄道さんのダイヤの中で、走らせられる区間をお借りして撮影してたので。でも、そういうのって、わかる人にはわかるんだなって思ってました。

けれど自分が鉄道好きになると、やっぱり気になってしまう(笑)。監督にそういう話をしたこともあります。ドラマは決められた区間と決められた時間の中で撮影をしなくてはいけないタイムリミットがあるので、すごく緊迫感があって。バラエティーの撮影とは、ちょっと空気感が違うなっていうふうには思ってます。

――「海月姫《くらげひめ》」(フジテレビ系)にも出演されました。

松井　鉄道ヲタクの「ばんば」役(笑)。クラゲのときはもう、すごく楽しくって。いろんな鉄道の知識をアドリブで入れられるところは入れてみたり、私物も持ち込んで劇中に使ってもらったりとか。そんなに収集癖があるほうじゃないんですが、新幹線グッズが多かったと思います。頂いたものとか、地方へ行ったときにちょっと買ってたものとかが実家に段ボールで取ってあって。そのまま送ってもらって、その中から選びました。

美術さんがいろんな車両の模型を用意してくれていたので、「じゃあ、今回はどれを使おうか」みたいな雰囲気も、待ち時間に共演者の人と鉄道の話ができるのも、すごく楽しかったですね。

「或る列車」は誰かと一緒のゆったり旅にもってこいな感じ

――「或る列車」にもお乗りになったと。

松井　はい。観光列車はどれもサプライズがあって楽しいなと思うんですけど。「或る列車」は見た目から黄金色でかっこいいし、内装のデザインもとても凝ってますから。タイムスリップして、昔のおしゃれなモダンなホテルに来たような感覚、でしたね。個室も扉などが伝統工芸の「組子《くみこ》」で、陽が差すとその影が奇麗だったり。プライベートな感じがして、そういう鉄道の旅も楽しいだろうなって思いました。別の車両はソファータイプのいすのデザインもブルーとグリーンで、すごく奇麗だった印象があったので。ひとりもいいけど、やっぱり誰かと一緒に、ゆったり旅を楽しむのにはもってこいの車両だなと思いました。

バーだけではなく、ランチや喫茶でも利用できる東京ステーションホテルの
バー＆カフェ「カメリア」にて

電車に乗ることが大好きで普通に乗るけど気付かれません

――東京ステーションホテルは。

松井　初めてです。ここ（バー&カフェ「カメリア」）も内装がすごくモダンでかわいいなと思いましたけど、最初に撮影したお部屋から東京駅舎のドームが見えました。そういう部屋があるって知らなかったので、泊まってみたいなって。ドームって、下からだと人がたくさん通るので、じっくり見ることができないですけど。あの部屋からだと飾りの彫刻がしっかり見えて、それを見てるだけでも楽しいなと思いました。

――ご自分を電車にたとえると。

松井　あははは、自分ですか！　何だろう……。わかんないですね、ははは。

ふだん乗ってすごく好きだなって思うのは、東京メトロ銀座線の1000系。いまの新しい車両ももちろんスタイリッシュでかっこよくていいんですけど、古いデザインが好きで。銀座線のレトロデザインの黄色い車両は、すっごくかわいいなと。あれに乗れると、「あ、今日はいい日かな」と。見るだけですごくテンションが上がりますね。いい色だなと思って。

電車に乗ることが大好きで、普通に乗りますけど、気付かれることは全然ないですね。プライベートで旅をすることも、時々あります。

——出身は愛知県豊橋市でしたね。

松井　そうです。いま「豊橋ふるさと大使」を務めさせて頂いてます。豊橋は基本的にはクルマ社会で、子どもの頃は街を出ることもほとんどなかったので。鉄道を使うのは、遠出するときに東海道新幹線に乗るっていうぐらいでした。ただ、市電(豊橋鉄道東田《あずまだ》本線)はなじみ深かったですね。何となく街の中に鉄道が走ってるっていう意識はありました。路面電車がある街って、どこか〝文化の香り〟みたいなものが感じられて、すごくいいなと思います。夕陽に向かって市電が走っていく街並みも奇麗だなと。

豊橋駅はある意味ターミナル駅になって、それを駅の近くの橋から見るともう、何だろう、壮観というか。そこをただただ鉄道がどんどん入線して出ていって。それを見るだけでも楽しいですよ。ぜひ豊橋に来てもらって、その線路の多さに「わー」っとなって、楽しんでもらえたらうれしいなと思います。

(インタビュー・2019年10月)

松井玲奈の鉄道データ

Q:鉄道会社の社長になったら、どんな列車を走らせたい?

A:移動中の新幹線とか、電車に乗りながら本を読むのがとにかく大好きなので。観光列車に図書室みたいな本棚のある車両を造って、自分の鉄道会社の路線で走らせたいと思います。そこに鉄道関係の小説、よくミステリーものとかあるじゃないですか。ああいうのをばぁーっと並べておきたい。まるで自分が列車に乗りながら、事件に巻き込まれてるような気持ちになれて楽しいんじゃないかなっていうふうに思いますね。

1号車に絵本図書館を備える、伊豆急行2100系「THE ROYAL EXPRESS」

Q:印象に残った旅は?

A :友だちと去年の夏に、東京から函館まで新幹線と鉄道を乗り継いで、北斗市の花火大会へ行ったこと。ダイヤを見て私が全部組んで。友だちは「飛行機がいい」って言ったんですけど、「絶対時間どおりに着くのは鉄道だから。鉄道にしましょ!」って言って。新函館北斗駅の周りの「北海道の大地!」みたいな中を風が吹き抜ける感じも「あ、ふだんと違う場所に来て、いま旅してるな」という感じが、すごく思い出に残ってます。

木古内〜奥津軽いまべつ間を走る、北海道新幹線H5系

石原 良純

Yoshizumi Ishihara

親子3代の時をつなぐ 線路は続くよどこまでも

Profile
いしはら・よしずみ

1962年1月15日生まれ。神奈川県逗子市出身。84年、松竹富士映画「凶弾」で俳優デビュー。舞台、映画、テレビドラマなどに多数出演。湘南の空と海を見て育ったことから気象に興味を持ち、気象予報士試験に挑戦。97年に見事合格した。現在、「NHK高校講座 地理」(NHK)や「ザワつく!金曜日」(テレビ朝日系)など、その他多数の番組に出演中。

逗子ほど間近に電車が見られる基地はないよね

――鉄道好きになったきっかけは。

石原　神奈川県逗子市から、都内の小学校に遠距離通学していました。原風景は品川駅11番線の横須賀線下りホーム。このレールをたどっていけば自分の街に帰れるっていう、安心感みたいなものがありました。

２０２０年に高輪《たかなわ》ゲートウェイ駅ができましたが、当時はあのへん一帯に大きな車両基地がありました。土曜日とか、学校を早く帰れた時間は、ちょうどブルートレインが出発の準備をしている。「ああ、鉄道に乗るといろんなところに行けるな」と、想像力とあこがれをかき立ててくれました。

誰から聞いたのか、いずれ湘南方面、逗子まで東北本線・上越線の特急が入ってくるという話が痛烈に印象に残っていました。それが50年経って「成田エクスプレス」から「湘南新宿ライン」「上野東京ライン」につながったんですよね。いまでも逗子から宇都宮まで1本で行けるなんて、信じらんないもの。

あと、逗子には横須賀線の留置線があって。スカ色の１１１・１１３系電車がいっぱいいたんです。街の中に。首都圏であれだけ車両が間近に見られる基地はないですよね。触れるのではないかってところにずらーっと並んでいて。その前の世代の70系も、ぎりぎり覚えています。

――息子さんも鉄道好きと。

石原　長男も電車好きで、子どもの頃から逗子の留置線とかに、よく電車見に連れ行ってました。ウチの親父（慎太郎氏）は、絶対そんなことやらなかったんですけど、ぼくはまぁ、いいお父さんだから（笑）。

休みの日は奥さんに「上の子だけ面倒みてくる」と言って、手を引いて電車の旅に出掛ける。「今日は横浜を出て、茅ケ崎《ちがさき》に行って、相模線乗って、八王子上がって帰ってこよう」とか言いながら。誕生日に「何が欲しい」と聞いたら「電車の旅」。駅に行くとホームのはじっことかに、そういう親子がいっぱいいるんです。「あぁ、おんなじだ」って、親近感を覚えました。

いま長男は高校1年生。「最近、お前、休みの日に電車乗りに行ったりしてるのか。あんまり電車って言わなくなったな」って聞いたら、「おれはいま、毎日電車に乗って学校に通ってるから」。小・中学校は歩きだったけど、「渋谷、新宿で乗り換えながら、いろいろいっぱい見てる」って。いまでも電車は好きみたいですね。

――慎太郎氏と息子さんとの鉄道旅をプロデュースされたと。

石原　ぼくは父親として、子どもと一緒の鉄道旅が楽しかった。そういえばウチの親父はそれをやってない。子どもが大きくなったとき、「おじいさんってどんな人だっけ」って、思い出せなかったらつまらないんじゃないかなと思ったんです。親父も引退した、息子が小学校高学年のときかな、「二人で鉄道乗ってきたら」と機会をつくってみたんです。

おじいさんと子どもだから、話すこともないのかもしれないけど、「鉄道見てればいいよ。電車が動いてるから、外を見てればいい」。親父にはそういう言って、五能線の旅に送り出した。能代から鰺ケ沢《あじがさわ》に宿を取って青森に出て帰るという旅。息子は「電車に乗ってうれしかったけど、おーちゃん(慎太郎氏)はいろいろうるさい。文句ばっかり」。親父は親父で「あいつは、まだ子どもだな」(笑)。でもまぁ、そのあと「また次どこか行こうか。良純、おすすめの場所はないか」って言ったから。親父もまんざらでもなかったんでしょうね。

鉄道って乗っているだけで、なんかいろんなものが共有できる。「同じ場所に向かって、一緒に進んでいる」ということでもひとつの関係性が作れる。だいいち鉄道じゃなかったら、おじいさんと子どもだけで旅行なんてできないですよね。いい時間だったんじゃなかったかな。

教えて! 良純さん

気象予報士は時刻表が好き?

気象予報士の役目は、数字とかグラフからデータを読み解くこと。時刻表も、列車のすれ違いやどこで追いつくというのを、数字から読み解くでしょう? ぼくも含め、気象予報士には時刻表が好きな人が非常に多い!

鉄道模型ファンの行きつく先は?

栃木に、那珂川清流鉄道保存会っていうのがあるんだけど、あれには驚きました。自分たちで敷地に軌道を建設して、各地から廃車を引き取って、修理して走らせている。あれが鉄道模型ファンの最後に行きつく先ですね!

――好きな路線はどこですか。

石原　海なら五能線、山なら飯田線。冬の日本海の景色が好きで、初めての五能線は3月か4月、深浦での映画の撮影でした。驫木《とどろき》とか風合瀬《かそせ》とかいかにも風の強そうなさ、どかーんとか、どーんみたいな荒々しい印象の駅名が付いている(笑)。「風合瀬」は、風が合う瀬って書くでしょう。ほんとに暴風雪が吹き上がってくるところでロケをやったんです。寒いときの荒れた日本海は、結構好きですね。もっとも親父ときたら五能線から帰ってきたとき、「日本海は暗いな。やっぱり湘南の海がいい」って、ぼやいていたけど(笑)。

飯田線の湯谷温泉《ゆやおんせん》から天竜峡までの、山あいの鉄道もすごくいいですよね。木の枝が触れそうなところを、ずーっと縫ってく。おもしろいのは、あのへんは天竜川の水力発電のおかげで電気だけはいっぱいあったんですよね。蒸気機関車じゃなくて電気鉄道の会社が合併して飯田線が生まれた。「あんな山奥まで石炭運ぶのは大変だけど、電気はそこらにいっぱいあるよ」。日本の電気のふるさと、そして電車のふるさととも言えるかもしれない。飯田線はやっぱり価値がある鉄道だな。

――鉄道模型もお好きですよね。

石原　子どもの頃は、まずプラレールでした。当時NゲージはほとんどなかったしHOゲージはめちゃくちゃ高くて全然手が出なかった。それが大人になったあるとき、ネットオークションでNゲージの5両編成が1万円もしないのを見つけて、「あ、安く出てる！」って、血迷って買い込んだ時期があったんです(笑)。ほんと大人買い。ついついやっぱり、昭和40年代の国鉄型を買っちゃうんですよね。

そのうち奥さんに怒られて直接家に送れなくなって、事務所で受け取って目を盗んで家に持って帰ったりしていました(笑)。軍艦の「ウォーターラインシリーズ」のプラモデルを大量に買い込んで、親に怒られていた少年時代と同じことやっているんです(笑)。

――新時代の鉄道については。

石原　日本各地に仕事で出かけます。でも、飛行機移動が多いですね。鉄道が時代にマッチしているのかといえば、してない部分もある。でも、鉄道がなくなってしまった街のさみしさって、歴然と表れますよね。なくなっちゃうのが良くないのは、みんな何となくわかっているんじゃないかなあ。

最近では郊外に、鉄道よりはるかに速い自動車専用道路があって、インターチェンジの近くに複合型ショッピングセンターや量販店が並ぶ。でも、何かのときに駅前っていうものが支えになっているところも多いんです。

もしかしたら鉄道の存在がきっかけになって、うまくいくことが、改めて新しく生まれてくるかもしれない。そういう希望の糸口になりえるのが、鉄道の温かさなのだと思う。バスとかクルマって〝点〟なんですよ。鉄路が〝線〟としてつながっていることが、安心感を抱かせてくれるんだと思います。

鉄道ファンの皆さん、また、どこかの駅でお会いできたら嬉しいです。

（インタビュー・2019年12月）

石原良純の鉄道データ

Q:幼い頃の列車旅の思い出は?

A:伊豆の下田に行ったんですよ。親子全員はクルマ1台に乗り切れないからって、希望したわけじゃないけど、ぼくと母親と弟ひとりの3人だけ、電車で。急行「東海」だったかな、逗子からだから特急「あまぎ」には乗れない。大船で急行に乗り換えて行きました。熱海でも伊豆急に乗り換えたんじゃなかったかな。途中の駅で伊豆急の電車から「あまぎ」が見えて、あー乗りたいなって思ったのを覚えてます。157系、前頭部がぺったんこのヤツでした。

1966年から96年まで急行列車として運行していた165系「東海」

Q:鉄道株式会社の社長になったらどんな会社にしたいか?

A:旧国鉄! ごりごりの。これは特急用、これは急行用、これは普通用。同じ色の車両を並べて、路線ごとに色を変える程度。「何の工夫もないじゃないか」って言われたら「うるさい、いやなら乗るな」って言います(笑)。夜のとばりに響く踏切のカンカンカン……。そうすると、椅子の下から暖まってきて。あのよくわからない暖房システムもいいですよね。

「スカ色」の愛称で親しまれていた、横須賀色113系

藤田 大介

Daisuke Fujita

あなたの声を届けるため
鉄兄ちゃんは今日も行く

Profile
ふじた・だいすけ

1981年11月20日生まれ。神奈川県横浜市出身。2005年、日本テレビアナウンス部に入社。報道・情報・スポーツ実況など幅広く担当し、現在は「news every.（ナレーション）」や「NNN ストレイトニュース」等に出演中。日本テレビプラス「鉄道発見伝 鉄兄ちゃん藤田大介アナが行く!」で冠番組を持つ。

「青春18きっぷ」を使い 全国各地の車窓風景を実況

——鉄道好きになったきっかけは。

藤田　小学校に入る前、まずは動くものへの憧れでしょうね。運転士さんのまねをしたのが最初の鉄道体験かと。東急東横線沿線の自宅と京急最寄りの祖母の家を行き来するうち、両社の路線図の駅名を全部、漢字で書けるようになりました。小学生のときには、親が「出て行け！」と怒りながらも、手渡されたカバンの中には東急の一日乗車券が入っていて。スタンプラリーに回ったのが最初の〝鉄道ひとり旅〟体験です。

もっとも、大学時代は理系だったので研究が忙しく。本格的に鉄道に乗り始めたのは、日本テレビに入社してからです。

先輩から抜き打ちで「この地名読める？　これは……」と日々テスト。家に帰って事典を開いて勉強しようとするも、つい眠ってしまう。「これではいかん」と、ほかに楽しく覚えられる方法はないか必死に考えました。

そんな中、大先輩の徳光《とくみつ》和夫《かずお》アナウンサーが若いころ、「山手線を一周しながら車窓の様子を実況して、アナウンス技術を磨いた」とおっしゃったことを思い出して。

「それじゃあ自分は『青春18きっぷ』を使って、全国を一周し、車窓を実況してみよう。全ての駅名と町の名前を読めるようになろう」

それが、鉄道旅にのめり込んだきっかけです。

――鉄道好きが仕事の役に立ったことは。

藤田　初めて逢《あ》う人へのインタビューですね。まず、出身地を聞く。大体最寄り駅や路線名がでてきますので、そこから話題を広げて、会話がどんどん弾んでいく。

もちろん、報道の現場でも。京急の電車がトラックと衝突して脱線した事故(19年9月)では、ヘリコプターからの映像を見てスタジオで2時間近く、現場の様子を実況しました。情報が少ない中、一刻を争う事態。報道キャスターとして駅や周辺の事、作業内容の説明、電車のスピードや車両の構造など正確に、できるだけわかりやすく報じる努力をしました。

――「鉄道発見伝　鉄兄ちゃん藤田大介アナが行く!」はどんな番組ですか。

藤田　ニッポン全国の町と、町を結ぶ鉄道会社を応援する番組です。きっかけは、東武の業平橋《なりひらばし》電留線でした。保育園児が、停まっている電車に手を振りながら何か一生懸命語りかけていました。まるで友だちと話すように。それを見ているうちに「全国で活躍するたくさんの電車たちを見せて元気に楽しんでもらいたい！」気付くとその瞬間……番組企画書を書き出していました。

同じく鉄道好きの田中匡史《たなかまさし》ディレクターと、「今しか出逢えない鉄道風景」「未来に残したい鉄道風景」を訪ねようというコンセプトが、固まりました。

番組の第1回は、三陸鉄道と決めていました。オンエアは13年11月。東日本大震災からまもなく3年となるのを前に、三鉄のみなさんが残る盛《さかり》〜吉浜間の全線復旧に向け、懸命な作業を続けていたころです。

関係者だけではありません。〝恋し浜〟でホタテを取る漁師さんや普代《ふだい》駅で温かいおでんを売るご夫婦、久慈《くじ》駅で至極のウニ弁当を日の出前から毎日作り続けるおばちゃんなど、鉄道が走る街を愛し、線路を支えたり利用したりする本当の「ファン」の皆さんのもとに逢いに行きたいと思ったからです。

私が企画した番組「鉄道発見伝」の主役は、現場で汗を流し、線路を支える全ての皆さんです。それは子どもたちにとって、一人一人がヒーローなんです。「テレビに出ていた人に逢いに行きたい」と思って頂ければ、なによりです。四国の阿佐海岸鉄道の職員さんから「3駅しかないけれどぜひ来てください」と手紙を頂いたときは、本当にうれしかった。番組のエンディングで職員さんに手渡ししている「番組特製スタンプ」はいま全国63カ所に設置中(２０２０年3月現在)。スタンプを押し、沿線を旅し、ヒーローたちに逢いに行く旅もいいですよ。

三鉄への再訪、水害で13年9月から1年以上も運休が続いた信楽高原《しがらきこうげん》鐵道も含め、被災からの「ビ

鉄兄ちゃんのイラスト旅行記

大学2年ころから始めたイラスト旅行記。鉄道旅行中の出逢いやできごとを水性ペンとクーピーで描き留めている

日本テレビ入社後は、「いつか取材するかも」と、がっちり描いています。これは2013年、「鉄道発見伝」記念すべき第1回目の様子を描いたもの。

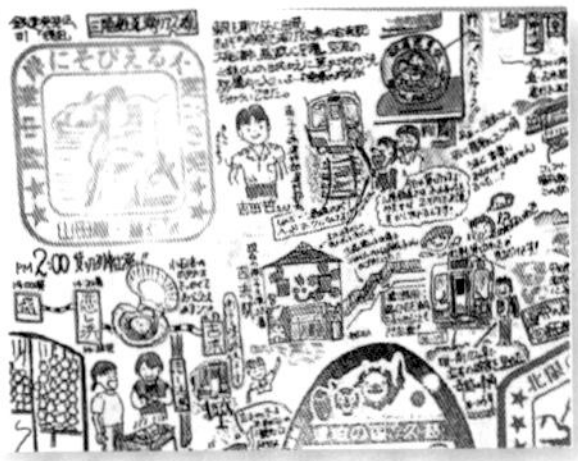

2012年に初めて海外に行ったときはいつもの水性ペンを忘れてしまって。ボールペンで描いていたのですが、なんか違うなあと(笑)

フォーアフター」。変わったところ、変わっていない様子をともども、目に焼きつけたいという思いもあります。

もうひとつのぶれないコンセプトは、「藤田はどこへ連れて行かれるのかを知らない」(笑)。京急に乗って羽田空港へ行ったら、そのまま飛行機で北海道って……。

南田裕介さんが加わったのは、実は番組から彼への誕生日プレゼント。〝鉄兄ちゃん〟になりたいぼくは、南田さんのおかげで深く鉄道を楽しめるようになりました。南田さんが披露してくださる知識を、ぼくが子どもたちに、よりわかりやすく噛《か》み

くだいて言い換えてみる。そんな役割分担が成り立っています。
鉄道が元気になれば、駅が元気に。駅が元気になれば、町が元気に。町が元気になれば、日本中が元気になる！　子どもたちが歩むレールの先に明るい未来が広がっているよう、番組はこれからもずっと続けていけたらいいなと思っています。

ミュージカル好きの娘とアメリカ西海岸の夜行列車旅

――イラストも〝プロ級〟ですね。

藤田　始めたのは大学2年生のころ。JRの駅スタンプを見て、「ただ集める以上に何かできるんじゃないか」と考えて。まずスタンプの周りに路線図を書き、出逢った人たちとの会話の様子をイラスト旅行記風に描いてみようと。最初は「北斗星」だったかな。水性ペンで、下書きはしていません。

――プライベートで鉄道旅は。

藤田　19年の春、保育園を卒園したばかりの娘と、アメリカ西海岸へ行ってきました。娘は鉄道にまったく興味がないのですが、ミュージカルが大好きで。「キャッツ」に、スキンブルシャンクスという名の、鉄道が大好きな猫が出てくるんです。

そんなシーンを観たら「夜行列車って何？ 列車の中にレストランがあるの？」と、気になったらしく。ロサンゼルスでミュージカルを観て、サンフランシスコからポートランドまで、夜行寝台列車に二人で乗り込みました。近づいてきた車両を見て、「こんな大きな列車が地球にあるの！」って驚いて。個室からずっと車窓を眺めていました。

ぼくにとっての「発見伝」は、アメリカの食堂車って、ほかにテーブルが空いていても、必ずほかのお客と相席にさせること。「見知らぬ同士でコミュニケーションを取りながら、食事を楽しんでほしい」って気持ちの現れ、なのでしょうね。

「楽しい」とよろこんでいた娘。でも結局、娘は鉄道に興味がないままです（笑）。

（インタビュー・2020年2月）

藤田大介の鉄道データ

Q:好きな列車は?

A:N700系です。新幹線がぼくの原点なので。3歳のときに読んだ『こんとあき』(作・林明子)という絵本に新幹線が出てきて。「乗ってみたい」という思いを叔母が叶えてくれたんです。0系でしたね。新幹線はかっこいい、あこがれです。実は自宅の目の前を東海道新幹線が走っていて、〝日常の風景〟になっています。ただ、いま乗りに行きたいのは地方のローカル線。仕事で移動のときも、スタッフに「なるべくローカル線に乗りたいな」と言って困らせています。

富士山を背景に走るN700系

Q:鉄道会社の社長になったらどんな会社にしたい?

A:「東京発パリ行き」の国際列車を運行したい。日本から韓国へ長大橋を架けて、北朝鮮、中国。ロシアではシベリア鉄道で西へ西へと進んで、ドイチェ・バーン(ドイツ鉄道)経由でチューリッヒ。山岳鉄道でアルプスを越えてパリ到着、というルートですね。東京駅の行先標示板に「パリ」と出したい。そのためだけに利益度外視大赤字会社を作ります(笑)。

シベリア鉄道を走る寝台列車

廣田あいか

Aika Hirota

メディアの垣根を越えて発信、オーライ！

Profile
ひろた・あいか

1999年1月31日生まれ。埼玉県出身。子役時代からＣＭやドラマに出演、音楽活動を経て、現在は動画クリエイターとしてＵＵＵＭに所属。「ぁぃぁぃ（捨て仮名表記）」として自身のYouTubeチャンネル（https://www.youtube.com/channel/UCQTDvJQ-d_J1GGncOuyVchg）にて動画を配信しながら、セルフプロデュースの1stシングル「好きに選べばいいじゃん。」で念願のソロデビュー。

小6のとき〝心に刺さった〟E5系のデビューポスター

――鉄道好きになったきっかけは。

廣田　物心ついてからずっと地形や地図が好きで。幼稚園児の頃にはいまの東京メトロの路線図を駅でもらって、日々持ち歩いてました。小学校低学年の愛読書は中古車情報誌『カーセンサー』。3年生になるとラジコンに興味が向いて。電化製品をドライバー使って分解するのも好き。姉と二人姉妹なのに、なぜだかずっと「メカ好き」でしたね。ただし、運転シミュレーターのセンスはなさすぎです(笑)。

鉄道が〝心に刺さった〟のは小6のとき、2011(平成23)年のJR東日本E5系「はやぶさ」デビューのポスターです。駅にたくさん貼ってあった「MADE　INDREAM」のコピーに惹《ひ》かれました。鉄道車両って、夢を抱いて考え抜かれて形になった存在が、夢を乗せて走ってるんだって思いが伝わってきて。車体の常盤《ときわ》グリーン、緑はもともと好きな色でしたし。

文房具から絆創膏《ばんそうこう》まで全部、鉄道グッズでそろえてたんですよ。女子小中高生で鉄道好きって、まぁ少ないじゃないですか(笑)。ずっと共学でしたけど、まわりに鉄道を語れる人がいなくって。ブログに、うまく撮れた写真をアップしたり鉄道ネタをシェアしたりの〝ふんわり鉄〟でした。

在来線特急で最初に好きになったのは、ＪＲ九州のキハ71系「ゆふいんの森」。内外装のデザインに込められた地元の思いや願い、意味合いみたいな背景に興味があって。「森の中に溶け込むような」ってコンセプトが、いいなって思ったんです。

つい先日、念願かなって初めて乗ることができました。うれしかったんですけど、探訪してみたら「あぁ、うん、知ってる知ってる」ばっかり。車内のストリートビューみたいなサイトを事前に見すぎてしまったせいか、感動がなかった(笑)。

西武鉄道の30000系「スマイルトレイン」も好きです。女性が開発に携わったことで、優しさにあふれてる。顔も丸い、吊り革なんかも全部丸く丸く造られているのが、かわいらしい。斬新さと温かさに企業側の志《こころざし》を感じて、大好きになりました。

001系「Ｌａｖｉｅｗ《ラビュー》」にも、何度も乗ってます。車体のシルバーは迫力というか、画像や映像では伝わらない光沢感の輝きがきれい。大きな窓から下、足元を見るのが私の〝推し〟です。谷川がちょこちょこ流れてるんで、渡る橋から見下ろすとスリルとワクワクが湧いてくる。子どもだと気づきやすいけど、大人は窓が大きいだけに、つい遠くの景色だけを眺めて終わっちゃうんですね。眼下を見るって着眼点は、地図好きに由来しているのかも知れません。

えちごトキめき鉄道の観光列車「雪月花《せつげつか》」も好きです。それこそ、全部が窓！　車内を歩いてると、サーフィンしてるんじゃないかってぐらい景色しか目に入ってこない。夏から秋にかけての時季ですっごい晴れてて、田園風景の開放感がすごくて、いちばんおもしろかったなぁ。

マスメディアとネットの両方を行き来する人になるのが理想

――好きな路線は。

廣田　飯田線です！　一時期「秘境駅」にハマって。一人じゃ怖いので、お仕事で「どこ行きたい？」って聞かれるたび挙げてました。おかげで幼き日のうちに、飯田線全線完乗を果たすことができました。地形好きにはたまらない路線です。田本《たもと》駅とか、ほんとに〝ギャー〟って傾斜になってた。秘境駅ブームで、人も結構いるっちゃいるけど。神秘的な、生と死のはざまにいるような感覚。浄化されるというかリフレッシュされるというか、不思議な気持ちに浸れます。けれど、けっして一人で行ってはいけません。必ず誰かに同行してもらいましょう(笑)。

廃線跡にも惹かれます。ＳＮＳにも上げたんですが、北海道・小樽の手宮《てみや》線跡は「残してもらえてうれしいです」って気持ちで、わざわざ撮りに出かけてきました。

列車の中では、景色を大事にしています。乗るなりカーテンを閉める人がいるじゃないですか。自分で車窓風景から学ぶ、知る楽しみを拒否してる。「何でそんなことをするんだ……。それはないな……。勝手にしろ！」と、いつも怒ってます(笑)。

「お仕事で希望を聞かれると秘境駅ばかり挙げてました」

そういえば最近、生まれ育った関東平野の景色に対する印象が変わってきましたね。見慣れすぎて、ありきたりだと思ってたのが、田園が広がって奥に山がない車窓こそ、ここでしか見られない〝ならではの味〟に感じられるようになりました。

――お気に入りの鉄道グッズは。

廣田　「SUGOCA《スゴカ》」や「はやかけん」など、全国や世界各地のICカードです。50枚近く持ってます。私自身が買ったものに加えて、「自分が住んでる土地のものです」と、ファンの方が送って下さったカードもたくさんあります。私が行けない範囲のものを、応援して下さる方々と一緒に協力して集めた宝物だと思ってます。

あと、丸ノ内線02系のドア上に付いている、赤いラインにランプが点滅する「車内案内表示装置」がずっと欲しくて。入手経路は内緒です。もちろん非合法じゃありません(笑)。家に置いてあります。めっちゃ重いけど、ちゃんと作動するようにしてあります。これは自慢のお宝ですね。

グッズではありませんが、「JNR　to　JR～国鉄民営化30周年記念トリビュート・アルバム」のCDに参加できたのも、いい思い出です。曲は迷わず、「JR貨物社歌『春夏秋冬《しゅんかしゅうとう》』でしょ」ってアピールしました(笑)。JRさんと間接的ですけど関わることができるなら、公式な歌がいいなと思って選ばせて頂きました。

——鉄道に限らず今後はどんな活動を。

廣田　鉄道趣味って、よくも悪くも「コアでマニアっぽい」イメージがまだ残ってますよね。それでいて鉄道そのものはなにげない日常の一部になってしまってて、ことさら感謝とかはされてない。もどかしいです。そばにありすぎて気づかない、身近なものに目を向けた鉄道の魅力みたいなものがあると思うんです。それをインターネット、動画サイトやSNSを活用して、発信できたらいいなって思ってます。

生後11カ月から21歳になったいままでずっと、芸能のお仕事をやらせて頂いてきました。5、6年前ですかね。「いずれマスメディアとネットの世界との境目は、なくなるだろうな」って考えたんです。

「マスメディアとネットの両方を行き来できる人」になることをいま、理想にしています。インフルエンサーなんて立派な感じじゃないんですけど。鉄道も含めて、「なんかおもしろそうだな」と感じたことには、積極的に挑戦していきたいなって思ってます。

（インタビュー・2020年4月）

廣田あいかの鉄道データ

Q:「廣田鉄道株式会社」の社長になったら?

A:いちばんに子どもに優しい、安全な会社にしたいです。昔からラッシュ時に遠距離電車通学の小学生に接するたび、心配だったので。あとは自分が幼い頃、千代田線とか有楽町線とかの窓が高くて、すごい圧迫感があったので、そのあたりを解消したい。それと「かぶりつき」の子どもたちにも見やすいような車両を造りたいですね。「ただただ鉄道が好き」って応援してくれる子に向けて、たくさんのイベントを催してあげたいとも思います。

プライベートで訪れたという手宮線跡(写真/廣田あいかInstagram)

Q:女性の鉄道ファンを増やすには?

A:いままでどおりのかわいいグッズ展開ももちろんですが、渋谷駅前にある東急旧5000系「青ガエル」みたいな鉄道車両を活用した“映え”する施設を造るのも手かなと。鉄道好きじゃなくとも写真を撮りたいと思えるような、斬新な活用法を考える。銀座線溜池山王駅の01系の部品を再利用した自販機とか。そんなモノが街なかのあちこちにあったら、女性に限らず鉄道が身近な存在になって、興味を持ってくれる人が増えるんじゃないでしょうか。

動画配信サイトでは自身の鉄道グッズも紹介(写真/廣田あいか動画配信サイトより)

小島よしお

Yoshio Kojima

「ピークを知る」からこそ旅はゆるくがちょうどいい

Profile

こじま・よしお

1980年11月16日生まれ。千葉県出身。早稲田大学在学中お笑いサークル「WAGE」に在籍。その後2007年にサンミュージックプロダクションに所属し、ピン芸人として活動。「サタデーウォッチン！」（東北放送）や絵本『ぱちょ〜ん』（ワニブックス）、You Tubeチャンネル「小島よしおのおっぱっぴーチャンネル」、新チャンネル「ピーヤの休日」など幅広く活躍中。

大学時代通学に使ったメトロ東西線　実際にラッシュの「ピークを知る男。」

――東京メトロ東西線オフピークプロジェクト「ピークを知る男。」が素敵です。

小島　前任のダンディ坂野さんに感謝です。評判がとてもよくて、同じ事務所で〝一発屋芸人〟つながりのぼくに「1年延長・第2弾」のオファーを頂けたんです。コンセプトも切り口もいいなと感じました。〝服着るモード〟にテンションが上がり、「かっこよく」というオーダーもあったので、あんなスタイル（50ページのポスター画像参照）で演じさせて頂きました。

最近、東京メトロに乗るたび、自分がいる（笑）。ちょっと恥ずかしい。駅貼りポスターや車内の動画を写真に撮りたいんですけど、いつも人が多くて叶いません。

実家が千葉市、大学が早稲田でしたので、東西線を通学に使ってました。ただ、9時始業の1時限目だともろに朝ラッシュにぶつかって。西船橋から乗ると、とくに快速がものすごい混雑だったので、総武線で飯田橋まで行って乗り換えてました。そういう意味でも、ぼくはまさに「ピークを知る男。」なんです。

――ブログなどに旅の様子を掲載していらっしゃいますよね。いい写真も多いと。

小島　旅は好きです。小学生の頃は毎年、夏休みに母の実家がある沖縄へ出かけてました。ただ、高校時代は硬式野球部でしたので練習練習で旅するいとまはなく。大学時代もお笑いサークル「WA《ワ》GE《ゲ》」の活動に夢中で、長野県の戸《と》倉《ぐら》上《かみ》山《やま》田《だ》温泉のイベントに出掛けたぐらい。そのときのプロのゲストMCが、アンジャッシュのお二人でした。

社会人というか芸人になって、経済的に多少ゆとりができてからはあちこち、いまは奥さんと国内外へ年に3回、年末年始と初夏、秋口に旅をしています。海外は二人で行く国を決めて、大体二つの都市をめぐります。ドイツだとフランクフルトとローテンブルク、イタリアだとフィレンツェとピサとか。その間を鉄道でつなぐケースがほとんどですね。

海外の鉄道は、座席がゆったりしていたり食堂車があったりして楽しいんですけど、乗るまでが怖い。ぼくも奥さんも英語ならともかく、ドイツ語やイタリア語だと駅の案内アナウンスはまず理解できません。「このきっぷ、この列車で本当に合ってるの」って、どきどき感でいっぱい。必ず駅員さんに確かめます。おかげで海外旅行での失敗談は、いまのところありません。

細かいスケジュールは、奥さんがネットを駆使して組んでくれます。でも結果的に「旅行雑誌のおすすめコース」と同じだったりすることも(笑)。奥さんは高校時代写真部だったので撮影上手で、ブログなんかの写真はいつも提供してもらってます。

――印象に残る場所はどこですか。

小島　海外だと、タイですかね。列車にお坊さんの専用席があったり、〃ほほ笑みの国〃なのでふだんは笑顔にあふれているのに、通勤電車に乗るとみんな険しい顔をしていたりの対比がおもしろかった。メークローン線の「線路市場」もすごかったですね。生の魚が当たり前みたいに線路に置いてあって、「列車が来るぞ、ブー」みたいな警笛が聞こえた途端、一斉に片付けが始まる。列車が通過するとまた戻って、観光客も群がってくる。結局外からしか見られませんでしたので、車窓からの線路市場も経験してみたいです。

国内だと京都とか金沢とか、広島県の大崎下島《おおさきしもじま》の御手洗《みたらい》地区もよかったです。海外でも同じですけど、古い街並みを散策するのが好きなんです。以前は旅の行程を〃ぎちぎち〃に組んでたんですけど、いまは3～4割を空白にしてます。ぶらぶら歩きながら路地に入り込んでの雑貨屋さんめぐりとか。レストランを見つけて「夜、来てみようか」とか。〃ゆるゆる〃のほうがいいなって感じがします。

旅先にいろんなモノを抱えていくのが好きじゃなくて、なるべく手ぶらに近い状態で動きたい。芸風と同じかな（笑）。

「走るのも好きなので、自宅から10km以内なら、走って現場へ行って電車で帰ってくることもたびたびです」

「これが『東西線OFF PEAK PROJECT』のポスターです。本物もマスクとサングラス姿で電車によく乗っていますので、気がついたら声をかけてください。ぼくは全然“ウェルカム”ですので」
画像提供／東京メトロ

冬の北海道での〝秘境駅〟旅　きつすぎて記憶に残ってない

――鉄道にかかわるお仕事も多いですね。

小島　「ローカル線聞き込み発見旅」で出かけた四国の牟岐線は、車窓が奇麗でした。手を伸ばせば届くんじゃないかってくらい海が近くて。地元の人から「ウミガメが来るんだ」「駅チカにおいしい海鮮の鉄板焼屋があるんだ」とか教えて頂いて。

「鉄道沿線ひたすら歩き旅」は〝早大トリオ〟で、鉄道大好きの福澤朗《ふくざわあきら》さんと村井美樹ちゃんとご一緒でしたが疎外感もなく（笑）、楽しめました。線路際を歩くと、列車から眺めるよりも土地勘がつかめる。駅ごとの雰囲気の違いがよくわかりました。

でも、「ガイドに載らないマル秘ツアー」での冬の北海道〝秘境駅〟ロケは大変でした。1日に1本かそこらしか列車がないので歩くしかなく、まわりに何もない駅を探してたどり着く。あまりにきつかったんでしょうね、全然記憶に残っていません。秘境駅ファンって、時間をぜいたくに使える人なんだろうって思いますけど。自分にわかる日なんて、来るのかな（笑）。

プライベートも含めれば、山陰本線の城崎《きのさき》温泉から鳥取にかけての3時間ほど、冬の日本海はよかった。倉吉に一時〝筋肉の師匠〟がおられて。途中「スーパーはくと」から眺めた「因幡《いなば》の白《しろ》兎《うさぎ》」がいそうな海岸線もいいですね。岡山から高松へ向かったときの瀬戸大橋とか、大分から別府への特急に「世界の車窓から」のナレーター・石丸謙二郎さんの観光案内が流れていたことも、印象に残ってます。

——YouTubeの「大きな数のおぼえうた」では、蒸気機関車に扮して「線路は続くよどこまでも」の替え歌を……。

小島　ひょっとして、今回のオファーの理由って、それ!?　何でもやってみるもんですなあ（笑）。「数字は続くよ」にからむ童謡はないかと思ってすぐ「線路は続くよ」が浮かんで、「きかんしゃトーマス」のイメージでって。それだけ。大層な訳などありません。でも、おかげさまで「おっぱっぴー小学校」動画への反響は大きいですね。

教育学部なのに教職課程を取らなかった志の低い学生でしたけど、子どもたちと接するのはすごく楽しい。だいぶ前から子どもたち向けのネタに取り組んできたことがつながって、うれしいです。

（インタビュー・2020年6月）

小島よしおの鉄道データ

Q:乗ってみたい列車は?

A :クルーズトレインっていうんですか。「四季島」とか「ななつ星」とか、料金が100万円もするすごい高い豪華列車。あれはいつか、老後でもいいですけど(笑)、乗りたいです。観光列車も楽しそうですね。東京から近くだと、小海線の「HIGH RAIL1375」って、乗客向けに星空観察会が催されるんですか? そういうのもいいですね。SL列車やレストラン、スイーツ列車なんかにも興味がありますね。

小海線を走るキハ110系「HIGH RAIL1375」

Q:小島よしおが鉄道会社の社長になったら?

A:車内にジムがある電車を作って走らせます。「通勤車内でこっそり鍛える方法」みたいな動画がありますけど、まわりの目もあるし、実際にはやれない。それより、きちんと場所を作ってあげたほうがいい。車両ごとにインストラクターを配置します。「小島鉄道に乗って筋トレに目覚めました」って言ってほしい。エアロバイクのモニターには絶景車窓を流します。バイクをこいで発電して、その電力で電車を走らせるというのもいいかもしれません。

小島よしおオフィシャルブログ「コジログ〜おっぱっぴーな日々」で肉体美を披露

南田 裕介

Yusuke Minamida

鉄道ミステリーの世界へ
マネジメントはお任せあれ

Profile
みなみだ・ゆうすけ

1974年生まれ、奈良県出身。静岡大学卒業後、株式会社ホリプロ入社。スポーツ文化部のマネージャー。鉄道好きで、テレビ朝日「タモリ倶楽部」や日本テレビ「笑神様は突然に…『鉄道BIG 4』」、CS日テレプラス「鉄道発見伝」などのテレビ番組に出演。

初めての定期での電車通学は『999』の無期限パス気分

――鉄道好きになったきっかけは。

南田　生活の近くに、いつも鉄道があったことです。マイカーがなく、〝旅行は鉄道〟。自宅は奈良県内を転々としていましたが、父が大阪市内に通勤していた関係で、どこも駅の近くでした。大和《やまと》西大寺《さいだいじ》、平城《へいじょう》、大和小泉……。小学校6年生のとき、王寺《おうじ》に越した頃には、いつの間にかすっかり鉄道好きになってました。

転居のおかげで卒業前の2・3学期、前に通ってた学校まで、あこがれの定期券で電車通学をすることができたんです。気分としてはほら、『銀河鉄道999(スリーナイン)』で哲郎がメーテルからもらった「地球⇕アンドロメダ」の無期限パス！　ぼくのは「王寺⇕大和小泉」の6カ月パス！でしたけど(笑)。

中学に上がったのが、ちょうど国鉄分割民営化・JR発足の頃。思春期が〝日本の鉄道大激動〟の時代でした。

新聞などでいろいろバッシングされていた国鉄。JRになり生まれ変わって、国鉄のイメージから脱却するようにジョイフルトレインが誕生したり、「大和路快速」に新型電車が投入され大阪環状線に乗り入れたり。画期的でしたよね。多感な時期にいろんな出来事を目の当たりにしたことで、さらに根強く鉄道が好きになったたって感じです。

――「乗り鉄」でしたか。

南田　いえいえ、もう何でもかんでも。「撮り鉄」にも熱中しました。父が新聞社の編集局幹部で、期限が切れたモノクロフィルムを写真部からしょっちゅうもらってきてくれたんです。現像・焼付した写真に寸評を加えてくれたり、高校時代には臨時雇いの報道カメラマンとしてあちこちの車両の展示イベントに派遣・取材させてくれたり。

大阪駅での特急「(ワイドビュー)ひだ」用のキハ85系の展示会にも行きました。「ユーロライナー」塗色のEF65形116号機が名古屋から引っ張ってきて。珍しかったんで、EF65ばっかり撮ってました。ところが、いざ現像してみたら「一枚たりとも『ひだ』の紹介として、紙面に載せられる写真がない」ありさま。結局、JR東海から写真を提供してもらって、何とかしのげたみたいです(笑)。

進学した静岡大学には鉄道研究会もなくて。人生でいちばん〝鉄分〟が薄かった時代ですね……大学生の時はサークルやアルバイト、勉学が楽しくて。

――ホリプロ以外に就活はされましたか。

南田　鉄道会社も考えました。ＪＲ各社とか大手私鉄とか、片っ端から会社案内を取り寄せました。けど、文系の大卒者って本社の管理部門要員で、現業には就けないんですよね。「３カ月車掌体験をして経理部にいます」とか、「不動産開発部で新線ニュータウンの戸建て住宅売ってます」とかばっかり。いくら好きな鉄道会社といっても、伝票処理やセールスは、ぼくにはとても無理だなぁと……。

長瀬智也さんと酒井美紀さんが主演だった「白線流し」（フジテレビ系）に感動して、ドラマを制作したいとも思って。実はホリプロのほか、テレビ局も数社受けました。

それと、博物館学芸員の資格を取るために実習が必要だったので。「交通博物館（現・鉄道博物館）」に電話してみたら「受け入れしておりません」。「地下鉄博物館」や、「東急の電車とバスの博物館」は、静岡にいたものだから存在すら知らず。野球も好きだったんで、「野球殿堂博物館」にも聞いてもみたけど、やはり「だめ」と。

そうこうするうち、ホリプロから内定がもらえて、マネージャー職に就くことになったという次第です。

「南田裕介の鉄道ミステリー」発売中!

謎を求めて、仕事の合間に寸暇を惜しんで日本全国を乗り鉄した南田裕介が、さまざまな鉄道ミステリーを解き明かす。
価格:1600円+税
発行:天夢人

「かもめ」「ソニック」ではなくて「かいおう」見たいな本を書きました

――このほど『南田裕介の鉄道ミステリー』を上梓《じょうし》されました。どんな本ですか。

南田　ひとことで言うと、「ちょっと変わった旅を感じる本」です。JR九州の特急にたとえるなら、「かもめ」「ソニック」ではなくて、ずばり「かいおう」みたいな。

　野球でいうと、先発の巨人・菅野《すがの》投手でもストッパーの横浜・山﨑《やまさき》投手でもなく、左のワンポイント。広島や近鉄で活躍した清川投手やヤクルト・乱橋《らんばし》投手……。そんな〃いぶし銀〃めいた選手たち、じゃないな。そんな鉄道たちを主人公にしたストーリーを、つむいでみました。

意味、わかってもらえますでしょうか(笑)。

ほかの本にはまず出てこない車両や列車、駅なんかにも、〝万人受けはしないけど、わかる人にはわかる〟ような、おもしろいモノがたくさんあります。

――第1章からいきなり、「貨物列車」ですものね。

南田　もう、大好きなんで。鉄道好きにとって乗れない列車は、いちばんの「ミステリー」なんです。貨物列車こそ、その象徴。気がつかないうちにいなくなってしまった、珍しい車両とか変わった列車とか。そういうモノを知らないいまの人たちに、紹介・解説してみたくなって。

たとえば、JR西日本が発足まもない頃。EF81形がスシ24形食堂車3両＋14系座席車3両＋マイテ49形展望車を引く、「琵琶湖一周グルメ列車」がありました。車両記号だと、スシ・スシ・スシ・スハフ・オハフ・オハフ・マイテって。いまにして思えばありえない、とんでもない編成でしょ。

若い頃はそんな〝変な列車〟には見向きもせず、派手なジョイフルトレインばっかり追っかけてた。失われる前に、へんてこなやつ、謎のやつ、ミステリーなやつをもっとよく観察しておけば、撮影しておけばよかったと、いまになって後悔しています。ぼく自身が心の整理をしたうえで読者のみなさんに、それら車両・列車・路線の魅力をお伝えしたいと思ったんです。

――どんな話題が登場しますか。

南田　列車なら「水前寺有明《すいぜんじありあけ》」とか。ふだん通らないところを通る、臨時列車についてもかなり追求してみました。

車両だと、クモハ12形、クモハ42形、クモハ84形、南武支線のクモハ101形＋クモハ100形、八高線の103系3000番代、半自動ドアをゴゴゴゴって手で開けるヤツ。変なのがいっぱいいましたよね。

――鉄道ファンにひとこと。

南田　日本全国、いろんな旅ができる状況が戻ってきたら、ベーシックなモノもよし、豪華なモノもよし。お好みの鉄道を楽しんでみてはいかがでしょうか。

そのヒントが『南田裕介の鉄道ミステリー』に書かれています。

（インタビュー・2020年7月）

南田裕介の鉄道データ

Q:秘境駅の魅力とは？

A:北海道幌延町の「秘境駅サミット」に呼んでいただいて以来、秘境駅が大好きになりました。何もない、誰もいない、夜行くと真っ暗。でも、時刻通り列車がやって来る。そこが素晴らしい。鉄道の持つ律義さ、駅や線路を造った人や列車を運行している人に対する尊敬・畏敬の念を抱きます。行ってみたい秘境駅は、布原です。伯備線の駅のはずなのに1本も列車が停まらず、芸備線だけが停まるっていう。これも「鉄道ミステリー」と、言えますよね。

開業から60年、今年還暦を迎えた南幌延駅

Q:「南田鉄道株式会社」の社長になったら？

A:ブルートレインを走らせたいですね。東京発鹿児島中央、かつての西鹿児島行きです。西鹿児島って、昔からあこがれの駅だったんですよ。それと、熊本県人吉市のシンポジウムでもお話ししたんですけど。目黒発22時の人吉行きを運行します。ホリプロの残業の締めが22時なので(笑)。最後尾1両は、くま川鉄道に乗り入れて「田園シンフォニー」の牽引で、終点の湯前まで直通させます。人吉やくま川鉄道は先の豪雨で大きな被害を受けましたが、一日も早く復興できるよう願っています。

くま川鉄道の観光列車「田園シンフォニー」

福澤 朗

Akira Fukuzawa

日本独自の鉄道文化が私の心にジャストミート

Profile

ふくざわ・あきら

1963年生まれ、東京都出身。1988年に早稲田大学第一文学部を卒業し、同年、日本テレビ入社。在局中はアナウンサーとして、数々のヒット番組に出演。また「ジャストミート」「ファイヤー」等の流行語も生み出した。2005年7月、フリーアナウンサーに。テレビ東京「開運!なんでも鑑定団」などの人気番組の司会のほか、近年は俳優としても活動中。

「鉄道」の礎《いしずえ》は幼少期に読んだ 絵本によって築かれました

――鉄道好きになられたきっかけは。

福澤　いくつかの複合的要因がありまして。まず一つが、実家が西武新宿線の中井駅のそばで、当時通っていた塾が下落合《しもおちあい》にあり、鉄道が身近であったということ。二つ目が、子どもの頃に読んでもらった絵本のひとつに『きかんしゃ　やえもん』(文／阿川弘之　絵／岡部冬彦・岩波書店)という機関車を題材にした絵本があり、〝機関車にも、車両にも人格のようなものがあるんだな〟というイメージを持って幼少期を過ごしていたこと。やがて結婚し、子どもができて、子どもと『きかんしゃトーマス』を見たのですが、この作品も車両に人格がある代表ですよね。工業製品なのに感情がある。それが僕の価値観にフィットしました。だから〝すべての電車に人格がある――〟。今もそう思って在来線や地下鉄に乗っています。

「電車が好きになったきっかけ」というと西武新宿線ですが、鉄道に対する考え方、〝鉄学《てつがく》〟に関する礎は『きかんしゃ　やえもん』と『きかんしゃトーマス』ですね。僕は車両の形とか『時刻表』以上に、雪の日も雨の日も定時で運行している列車にすごく強い人格を感じるんですよ。その辺はほかの鉄道ファンの方と、入り口というか考え方が違うのかな、と最近思います。

「華道」「茶道」「書道」みたいに〝鉄道〟なんですよね。みなさんその道を極めるために色々工夫を凝らしています。三道にも流派があるように、〝鉄道〟にも流派があって、その一つに撮り鉄の流派だったり、乗り鉄の流派だったり、時刻表鉄だったり。それでいいと思うのです。そう考えると僕は〝呑《の》み鉄〟という流派として認められるのか微妙なところですけど(笑)。その土地のおいしいものをいただきつつ、いろんなお酒を呑んで壮大な風景を楽しむ。〝旅鉄〟とも言えますよね。〝日本の四季を愛でる旅鉄〟っていうのかな。しかも沿線も歩く、っていう(笑)。だから日本の四季ありきなのだと思います。

――日本酒がお好きとのことですが、駅弁に合う日本酒を教えてください。

福澤　「駅弁に合う」より、「駅弁をおつまみにして飲むのであれば、こういうお酒じゃないと」というルールが僕にはあります。駅弁は味付けが濃いので、それをアテにして飲むのであれば、それに負けないだけの濃い、濃醇《のうじゅん》系。これを選ばなければいけない。辛口を選ぶと、駅弁の濃い味付けに負けちゃうんですよね。両方おいしいと思ってもらうためには濃醇旨口ですね。もっと言うと、生酒《なまざけ》系。無濾過生原酒《むろかなまげんしゅ》。ある種、洗練されてないよさがあるお酒とお弁当を合わせてもらいたいですね。だから「どの駅弁がいいか」というより、日本酒の選び方ですね。

あと、車内は揺れるのでその辺を意識して、コップやお猪口《ちょこ》になみなみとつぐのではなく小さいビンで少しずつ。それを考えると、大きいものでなく小さいお弁当を選んだほうがいいですね。

一生懸命手を振る人々の姿に　涙が出るほど感動しました

――コロナ禍が収まったら、乗りに行きたい列車はありますか？

福澤　そうですね。まずは、ＪＲ肥薩線が完全復旧したあかつきには特急「かわせみ やませみ」に乗りたいです。『朝だ！生です旅サラダ』（朝日放送テレビ）で毎年好きな列車に乗らせてもらっているのですが、その第1回目がＪＲ九州のＪＲＫＹＵＳＨＵ ＳＷＥＥＴ ＴＲＡＩＮ「或《あ》る列車」で。車両自体もさることながら、僕が一番衝撃《しょうげき》を覚えたのは、走る車両に向かって沿線の皆さんや子どもたちが手を振って下さったこと。涙が出るほど感動しました。ＪＲ九州の広報の方にお伺いしたら、「九州は観光産業が重要なので、おもてなしの気持ちでお見送りをしています」とおっしゃっていて。それと同時に、果たして沿線の皆さんは、乗客である僕らに手を振っているのか、車両に手を振っているのか？　と、懐疑《かいぎ》的な部分がありまして。例えば飛行機に乗って、飛び立つ際整備士さんが手を振っていますよね？　あれ、聞くところによると乗客でなく飛行機に手を振っている。整備士さんにとって、わが子も同然なんですよ。〝無事で行くんだよ、わが子〟って。ひょっとしたらそれと同じなんじゃないかと。そう考えると、列車っていうのはその街におけるアイドル、象徴

上／チャレンジャーとして出演した「超逆境クイズバトル!! 99人の壁」（フジテレビ系）"鉄道&旅行スペシャル"について「99人の方がいらっしゃる圧による素敵な興奮状態を感じました」と語った　下／日本テレビのビルから列車を眺める

というのか〝わが列車！〟というのを、特に九州の皆さんはすごく強く持っていらっしゃるのかなと思いました。これは日本独自のすごくいい文化ですよね。日本における鉄道の在《あ》り方が見えてきます。

これはＪＲ四国などでも行われていますが、早く日本全国に広めたいですね。手を振ることによって、振っている自分たちも元気になれるというのかな。鉄道とのコール＆レスポンスがある、これを日本独自の文化として定着してほしい。だからやっぱり列車には人格があるという気がしますね。

――鉄道ファンにひとことお願いします。

福澤　「開運！なんでも鑑定団」の司会者の立ち場からすると、まず家族に迷惑がかからない程度に、お金を使ってください、と。大前提として家族に迷惑をかけるとそれは〝鉄道〟ではないと思います。人に迷惑をかけてまで極めるものじゃないと思うので。

あと、テレビにおける鉄道の取り上げ方って、まだまだオタク性を際立たせますよね。例えば「○○線が開業しました」というと、インタビューを受けるのは男性ばかり。ほかにも子どもや女性がいっぱいいるのに、いまだにテレビにおける鉄道ファンの扱いって違うと思っています。ですが、それに風穴を開けてくれたのは豪華列車ですよね。鉄道っていうのは旅を楽しむものでもあると。

多くの車両デザインを手掛ける水戸岡鋭治《みとおかえいじ》さんも、そのあたりを意識してくださったと思うのですが。僕も自戒《じかい》の念をこめて「鉄道オタク」とは絶対に言わない。「鉄道ファン」、「鉄道愛好家」というのが礼儀だと思っています。だから早く日本における鉄道文化を確立させることに協力していきたいなと考えていて……。全然「ひとこと」になっていないんですけど(笑)、だから、皆さんはぜひ鉄道愛好家として自分の流儀を極めて明るくテレビに出てほしいですね。車両のことに詳しくなくていいし、『時刻表』を読めなくてもいい。鉄道に乗って移動する、それが楽しいと思うことがすべてですから。だから、鉄道ファンの皆さんは、まず家族を巻き込んでほしい。そのために、家計に響かないような経済観念を持って、〝鉄の道〟を究めてください。

（インタビュー・2020年10月）

福澤 朗の鉄道データ

Q:今後、鉄道関係で挑戦してみたいお仕事はありますか?

A :車内アナウンス、構内アナウンス、観光アナウンス。僕はやったことがないので、夢としてありますね。「うらやましい〜!」と思いながら聞いています。ゆくゆくはぜひやってみたいですね。ただ、「ジャストミート!」と叫んだりはしません。堅実にやりたいので(笑)。観光列車だったらいいのかな?「もゆる秋……燃えていけ、ファイヤー!」みたいな?(笑)　ぜひオファーお待ちしております!

人気の観光列車「越乃Shu＊Kura」

Q:「福澤鉄道株式会社」の社長になったら?

A :警笛をもっとハッピーにしたいです。一回押すと鉄道唱歌の冒頭が流れるとか。車の場合、ある一定の速度で走ると道路の凹凸で音楽を奏でるってありますよね。それに近いことをしたいです。鉄道の場合、線路に細工することはできないので……って考えると警笛ですね。あとは色煙を出す列車を走らせたいです。観光地を走るときは音と一緒に色煙を出す。あるいは、時報代わりに色煙を出す。色煙と警笛を使ってもっともっと列車の人格性をクローズアップさせたいです。

ミュージックホーンが採用されている「サフィール踊り子」

田中 要次

Youji Tanaka

鉄道員から俳優へ?
人生色々「あるよ!」

Profile

たなか・ようじ

1963年生まれ、長野県出身。82年に国鉄に就職。90年、8年8カ月と8日の鉄道マン生活から脱線し、東京へ。テレビ、映画、舞台、CM、ミュージックビデオ出演、短編映画の監督など、幅広く活躍。

地味な存在の「マルタイ」を自分のカラーリングで目立たせた

――国鉄・ＪＲ職員の経歴をお持ちです。

田中　とくに鉄道が好きだったわけではなく、母子家庭なので「地元で公務員」が第一条件。役場や郵便局も受けて、受かったのが国鉄だけでした。希望は営業か運転でしたけど、高校が林業専攻で測量とかもやってたせいか保線に配属されて。塩尻から藪原《やぶはら》、贄川《にえかわ》にもいましたね。国鉄末期は木曽福島かな。分割民営化でぼくらのエリアはＪＲ東海になって、すぐに東海道本線沿線の大府《おおぶ》、安城に異動しました。

当時の保線の仕事は、いい環境ではなかったですね。ほこりだらけで、肌にじんましんができて、医者に「線路端でこんな業務をしています」と言ったら、「それじゃあ支障が出ても仕方ないね」って。国鉄に入るときの検査で、「手の血管の循環がよくないから、振動するモノには触らないで」と言われたのに、線路にバイブレーションかけるアレ（道床突き固め用タイタンパー）、持たされていましたから。何のための検査だったんでしょうね（笑）。

ＪＲ時代、裏方の地味な車両にもスポットライトを浴びさせたいと思い、プラッサー社製のマルタイ（マルチプルタイタンパー）に自分がカラーリングした塗装を施したいって提案したんです。不思議なことにそれが通って、夏期の点検に合わせて車体に型番をデカデカと描いたりして。あれは、巨大なプラモデルに色を塗ってるような気分でしたね。

当時は社員が管轄内の列車に乗るのは無料でしたから、コンサートとか映画とか観に行くのに、名古屋でも岐阜でも乗り放題。仕事が終わるとその足で、しょっちゅう動き回ってましたね。そんなこんなしているうちに知り合った、愛知県出身の映画監督・山川直人さんから「音楽系のショートムービーを撮るから、メンバー役で出てみないか」って、オファーされまして。それが俳優への転身のきっかけでした。

――鉄道員経験が生かされたことは。

田中　国鉄職員とか鉄道社員の役をもらったとき(笑)。

保線の仕事で、レール交換のような大きな工事って深夜、通常ダイヤが終わった後に100人以上が集まって、照明を当てて行うんですよね。それがちょうど、映画の撮影現場のナイターと空気が似てるな、自分はそういう空気なら知ってるな、って感覚がありましたね。見知らぬ人たちがいっぱい集まって、自分たちの担当パートを決められた時間の中でこなして終わらせる。線路の夜間工事と撮影現場って、すごく似たところがあると思います。

番組で鉄道系のお仕事を頂くようになって、ずっとそれが続くのかなと思ってたら、「ローカル路線バス乗り継ぎの旅Z」を振られて。「えっ、バス？」って思いましたけど、出演してみるとバスはバスで奥が深いなと。「バス旅Z」で大変なのは、バスがつながらない、歩いてつなぐしかないって覚悟するときですね。5㎞ならって歩き出したら、その先10㎞、15㎞と伸びちゃったりとか。最初の頃「これじゃバス旅じゃないじゃないか」って、ディレクターに文句を言ったら、「こっちだって、こんなに歩きたくないですよ。あんたたちが選んでるんじゃないですか」と。それで、もっと歩かずに済むルートがあるんだという事を気付かされて。だから、もっと慎重に調べなくちゃって思ってるんだけど、いつもしくじってばっかり(笑)。

線路沿いを歩いてると、「そういえば保線の点検で一駅区間、手分けしても5㎞ぐらい平気で歩いてたよな」って思い出します。今は列車に追い抜かれると、悔しい気持ちになりますよね。鉄道なら1時間もあれば移動できる距離を、ぼくらは1日かけて歩いたりしてやってる。

しょっぱなの頃は羽田圭介《はだけいすけ》くんと一緒に、ほとんど地図と勘で判断。初回だったかな、知多《ちた》半島あたりで「何だこれ？」って、人が歩ける海底トンネルを見つけて感動したこともあります。でも、そのうち暗くなっちゃって、ゴールはほとんど絶望的。ところがその時のマドンナだったＩＭＡＬＵちゃんが「歩きましょう！」って促すから諦められない。でもそれは、この先バスがもうないってことを確かめるために歩くことになる、徒労感を抱きながら歩いてました。そしたら、あったんですよ、ゴールまで行ける最後の区間のバスが。あきらめたらそれまででしたよね。

「8年8カ月8日、鉄道員として
働いてました」

「ローカル鉄道や路線バス
楽しみ地元を盛り上げたい」

でもやっぱり、歩くのは「辛い」です。

線路を敷いた、せっかくの苦労を無視　「赤字で廃線」はもったいない

――いまも列車に乗られることは。

田中　あるよ！(笑)。

大阪とか名古屋へ行くときは新幹線だし、品川駅へ行くとき在来線にも乗ります。一番前に立つと、土日とかの一人勤務でよくやった「列車巡回」を思い出しますね。運転士さんの隣で、走りながら線路のチェックをするんです。運転室内に居られるって、どこか特権的な気分になれましたね。いまでも運転士さんの後ろで見ていると、列車の揺れとか気になっちゃいます。「ちょっと、補修が不十分なんじゃない」とか。ホームから枕木なんか見ちゃうと、部材のへたりなんかもね(笑)。

地方へ行くと、鉄道も2両、1両で走ってるところがあるじゃないですか。それでも乗らないってなると、どんどんなくなって、廃線にされてしまいますよね。さみしい、悲しい、悔しい……です。

鉄道を敷くまでも、維持するにも大変な苦労があったわけじゃないですか。なのに採算が合わないってだけでなくしていっちゃうのは、本当にもったいないことですよね。ぼくは国鉄時代、国や

ニュースなんかが「赤字だ赤字だ」って言うこと自体が間違ってるって思ってた。バブルが始まりかけた頃でしたから、ほとんどの人が聞く耳持たずで「赤字の鉄道や職員はいらない」って考えに刷り込まれちゃった。

けれど公共交通機関って、たとえ利用する家が1軒しか残っていないとしても、国が負担して面倒見続るべきものなんじゃないかと思ってましたけどね。それを「もうからないからやめる」って言われたら、ねぇ。でもそれは当事者じゃないとわからないですから、ないと困るっていうのは。

仕事で北海道の廃線跡をたどったこともありましたけど、いろんな発見の楽しさより、むなしさが勝りました。そもそも廃線を作らないために、当時のぼくらは闘ってたんで。番組の鉄道旅でもバス旅でも、出演者とスタッフだけがロケで利用するだけじゃなくて、ぼくたちが火付け役になって、ローカルな場所、鉄道や路線バスを視聴者も利用してみたくなるように盛り上げていかないとね。

（インタビュー・2020年12月）

田中要次の鉄道データ

Q:「田中鉄道株式会社」の社長になったら？

A :「カートレイン」の復活! 乗ったことは「ないよ!」。大きなクルマが載せられなくて廃止されたけど、キャンピングカーもOKの貨物車を造って、東京からたとえば九州まで愛車を運んで旅ができる。フェリーと違ってクルマの中でもくつろげて、ちょっと外へ出て景色を眺めることもできる安全なスタイルで。予約制で窓口の係員が「貨物列車との併結になりますが、いいですか?」みたいな感じ。

1994年山陽線を走るEF65形電気機関車牽引のカートレイン

Q:乗りたい路線は？

A :紀勢本線をちゃんとゆっくり、たどってみたい。とくに和深って無人駅。ロケで海岸に降りたとき、まん丸に近い石がいっぱい転がっていて。ほかは砂浜とか溶岩石とか全然景色が違ってて、そこにだけ。浜の形が石を丸くするような海流を生み出すのかな。なぜ和深海岸の石は丸いのかって、地球物理学的な研究論文をまとめたいですね。まん丸なのを探したんですけど見つからなくて、卵形が精いっぱいでしたので、ぜひリベンジを。

紀勢本線和深駅

久野 知美

Tomomi Kuno

「久野車」は今日も夢を乗せて走ります

くの・ともみ

大阪府出身。フリーアナウンサー、女子鉄。2008年に上京しホリプロに所属。2022年ノースプロダクションに移籍。東武鉄道や西武鉄道の車内アナウンスを担当。著書に『鉄道とファン大研究読本』（カンゼン）、『女子鉄アナウンサー久野知美の かわいい鉄道』（天夢人）などがある。BS日テレ「友近・礼二の妄想トレイン」、テレビ東京「なないろ日和！」などに出演中！ 2019年からは、国土交通省認定の『日本鉄道賞』選考委員および鉄道貨物協会『鉄道貨物輸送親善大使』を務める。テレビ朝日「タモリ倶楽部」内の人気企画『タモリ電車クラブ』本会員（会員No.24）。

京阪旧3000系と18きっぷ、南田氏が「三大鉄道育ての親」

――鉄道好きになったきっかけは。

久野　大きく3つあります。1つめは京阪電車、とりわけ旧3000系特急車。2つめは「青春18きっぷ」。3つめはホリプロ時代のマネージャー・南田裕介さん。「三大鉄道育ての親」と、いつも紹介しています(笑)。

京阪さんは沿線出身、高校・大学への通学路線でもありました。旧3000系ではテレビカーとダブルデッカーの1・2階席、そのうちどこに乗ろうかと日々迷い、〝テツのトライアングル〟と称していたものです。

香里園《こうりえん》のスパゲティ店でアルバイトをしていた学生の頃、社員さんに「気分転換に急行と普通を乗り分けて出勤している」と話したら、「何？　気持ち悪い娘《こ》」みたいな対応で。「駅名も覚えられるし。寝屋川《ねやがわ》市香里園光善寺《こうぜんじ》枚方《ひらかた》公園枚方市……」「もういいっ！」と(笑)。

その時は、なぜ理解されないのかわからなかったのですが、鉄道関連の初めての現場でスーパーベルズの野月貴弘さんや、トラベルライターの横見浩彦さんなど〝鉄道好きを自認する皆さん〟とご一緒して「自分は〝こっちの人なんだ〟」と遅ればせながら自覚しました(笑)。

2つめの18きっぷは、友人との島旅などはもちろん、アナウンサー受験に全国を回っていた時代、とくに夜行快速「ムーンライトながら」でお世話になりました。

――「ながら」も廃止になりました。

久野　当時は373系でした。ひじ掛けからぱたっと出てくる小さなインアームテーブルで、放送局のエントリーシート記入の繰り返し。深夜、運転停車駅の静寂のなかで我が半生を振り返る。すると、とても情熱的な〝自伝的作品〟ができあがる(笑)。おかげで、エントリーシート審査段階で不採用とされたことは、100以上中ほぼありませんでした。「ながら様、373系様のご利益《りやく》」だったと思っています。

3つめの南田さんとのお仕事にも、373系が関わっています。東静岡での「グランシップトレインフェスタ」では、毎年スギテツ(杉浦哲郎、岡田鉄平)さんや南田さんとステージに立たせていただいているのですが、ツアーではJR東海の方ともご一緒するんです。373系の車内で、お客様に制服・制帽姿でご案内をしたり、思い出を語ったり……。

「あの節《せつ》はお世話になりました。おかげさまでアナウンサーとして、鉄道のお仕事で373系に帰ってくることができました」って、大先輩に報告しているような気持ちでしたね。

――東武鉄道や西武鉄道などの車内アナウンスも務めています。

久野　フリーアナウンサーという職業に就いて以降、本当に最大の目標のひとつでもあったので。感無量のひとことでした。いずれも「ご指名」のような形だったこともあり、本当に嬉しかったです。

実は池袋は、全てのレギュラー番組を卒業し、大阪の事務所を辞めて上京したばかりの頃、ティッシュ配りのアルバイトに通った場所だったんです。ちょうど「ＴＪライナー」がデビューした時期、〝アナウンサーを続けていけるんだろうか〟と不安がりながら、東武東上線ホームでシートが逆向きに転換する瞬間をよく眺めていました。方式こそ異なりますが「京阪旧３０００系と同じだ」って、ホームシックを癒してもらえました。

ＴＪライナーのお仕事が決まったとき、〝鉄神様が降りた〟と感じましたね。同時に〝結婚運は後回しかい〟とも(笑)。

ファンの方々は私が担当するＴＪライナーや「Ｒａｖｉｅｗ(ラビュー)」「西武 旅するレストラン『52席の至福』」などを、「久野車」「ＴＫファミリー」と呼んでくださいます。今後は「久野車」を西へも拡大したいという思いもあります。

『友近・礼二の妄想トレイン』撮影後にインタビュー。
『妄想トレイン』は大好評オンエア中!!
窓口から旅や豆知識などのご案内！
たまに飛び出すむちゃぶりも必見？

相手のフェーズを見極めながら鉄道好きな女性を増やしたい

——今後挑戦したいことは。

久野　いまは鉄道の楽しいところを伝えるばかりなので、あらゆる角度から鉄道を分析できるような人材にもなりたいですね。『日本鉄道賞』選考委員を仰せつかっているのですが、その過程で学んだ「保線作業のＡＩ化」など〝硬派〟的な知識も増やしていきたいと。まだ内緒ですが、とある資格の取得にも取り組んでいます。

——女性の鉄道好きを増やす方法は。

久野　いまは鉄道会社さんが考えに考え尽くして、ここまで楽しんで頂けますよという観光列車が豊富にあります。ＪＲ九州さんの「或《あ》る列車」ならスイーツを含めたコース料理、「36ぷらす３」なら銘菓や特産品が頂ける。「ＴＯＨＯＫＵ ＥＭＯＴＩＯＮ(東北エモーション)」「花嫁のれん」「雪月《せつげつ》花《か》」……。それらの情報を女性に提供し続けることは大事かなと思っています。

たとえば「友近《ともちか》・礼二《れいじ》の妄想トレイン」でご一緒させていただいている友近さんに、いきなり「このＥ２３５系のね、モニター部分がさぁ」ってお話ししたら、〝え、ちょっと……？〟ですよね(笑)。

でも友近さんならトロッコ列車の楽しみ方は十分理解して下さっている。そんな先方の〝フェーズ〟を見極めることに気をつけながら、段階を踏んでプレゼンしていく。

鉄道車両をイメージしたネイルやファッションのビジュアルをＳＮＳにあげて「あ、なに、このカラーリングかわいい」みたいなやり取りを入り口として、仕掛けてみたりもしています(笑)。

――鉄道ファンのみなさんにひとこと。

久野　いまは旅に出にくい時期で、鉄道・旅行業界も〝我慢のふんばり期〟だと思います。メッセージを伝えられる立場にいる者として、いろいろな策を練って応援するすべを考えていきますので。皆さんにも「いいな」と思うことがあれば実行して頂きたいです！　私も微力ながら、引き続き〝鉄道名誉マネージャー〟としてお世話になっている南田さんの指示を仰ぎつつ、業界全体がゆっくり各駅停車でも長く広く愛されるようなサポートに努めていけたらなと思っています。

（インタビュー・２０２１年２月）

久野知美の鉄道データ

Q:「久野鉄道株式会社」の社長になったら?

A :すでに妄想鉄道「久野沖縄鉄道」を開業しています! 大好きな鉄道と島が両方網羅できるので。北部の球場線とゆいレールにほぼ並行する観光線で、カラフルな車両を造りました。将来的にははサトウキビ運搬用の路線も開業させたい!(笑)。五能線みたいに、ずっと海岸線を走って海を眺めていられるようにしたいですね。総延長が短いので豊橋鉄道の「おでんしゃ」みたいに、行ったり来たりの運行になりそうですが。

沖縄県唯一の軌道、沖縄都市モノレール線(ゆいレール)。赤嶺駅前の交通広場には日本最南端の駅の碑がある

Q:鉄道趣味の面で南田さんの影響は?

A:意外と鉄道に関する話はしません。好きなジャンルもアンテナもたぶん違うので。親に対して「いまさらそういうことは聞きにくい」みたいな感じですかね(笑)。ただ、ホリプロでの担当が南田さんでなければ鉄道貨物協会の個人会員になるほど、貨物列車にハマっていなかったかもしれません。今は、ご縁あって鉄道貨物輸送親善大使にも任命していただきました! 車両に関して疑問点があるときは、「SUPER BELL"Z(スーパーベルズ)」の野月貴弘さんに頼ることが多いです。

中央西線を走る貨物列車のEF64形1000番代

木村裕子

Yuko Kimura

私の夢を叶えてくれた鉄道に「ありがとう！」

Profile

きむら・ゆうこ

1982年生まれ、愛知県出身。幼少期から鉄道が好きで、JR車内販売員を経て元祖鉄道アイドルから鉄旅タレントに。2015年に日本の鉄道（JR・私鉄・地下鉄・モノレール・ケーブルカーなど）の完乗を達成した。著書に『女子鉄ひとりたび』（ベストセラーズ）、『木村裕子の鉄道が100倍楽しくなる100鉄』『木村裕子 鉄道愛のすべて』（ともに天夢）などがある。2021年2月30日をもって、鉄旅タレントを卒業。現在は「解毒案内人」として心理カウンセリングなどを軸に活動中。

鉄道完乗は良くも悪くも私自身に大ごとすぎました

――19年間の「鉄道アイドル・鉄旅タレント」もいよいよ卒業ですね。

木村　もう一つの夢に踏み出し、追いかけてみたいというのが理由です。芸能界に入る前、19歳のときに「やってみたいこと100個リスト」を作りまして。芸能人の家に遊びに行きたいとか、ロケ弁食べてみたいとか、そんなレベルですけど（笑）。ありがたいことにそれが全部かないました。

鉄道に関しては、〝夢の大事業〟だった日本の鉄道完乗を達成したことが、良くも悪くも大ごとすぎましたね。「すごい。女性でほかにいないでしょ」って、講師の依頼が来るなどお仕事にも変化がありました。一方で私自身は〝燃え尽き症候群〟から、なかなか脱却できなかったんです。初めて乗る路線の新鮮なときめきを、もう感じることができない悲しみに悩みました。

心理学が大好きで子どもの頃から本を読み、大人になっても独学を続けてました。それで2年前、鉄旅タレントと並行して心理学のお仕事「解毒《げどく》案内人」を始めました。徐々にお客さんも増えて、「こちらでも生活できる」めどが立ったこともあり（笑）。

30代半ばって、一般社会でも転職とかいろいろ考える時期ですよね。とくにタレントは夢を与えるお仕事ですし、いまなら最後にみなさんに何かをあげられるかもしれないと。「いろんな区切りがちょうどよくやってきた」こともきっかけです。

――ファンはがっかりされたのでは。

木村　それは申し訳なくて。でも、「こんなことでびっくりしてたら、あなたのファンはやってられない」と。「あー、そうだったの、ごめんね」って。仕事でお世話になっているみなさんも、全然引き止める方はいなくて。送り出してくださるというか、応援してくださって。最後に、書くお仕事頂いたり番組に呼んでくださったり。ありがたいですよね。需要がめちゃくちゃあったんだって、むしろびっくりでした（笑）。

今後はノートとペンを抱えて行かない〝乗り鉄〟をしたいです。転職を決めたのも「世界を見に行きたい」という気持ちがあって、パソコン一つでできる仕事がしたいと。「Ｙｏｕｔｕｂｅ」も始めてます。

「自分を世界に放り出したらどうなるんだろう」って、2年前に初めて海外、オーストラリアに行って衝撃を受けました。同じ地球にあるのに全然違う。鉄道もエンジンの匂いとか音とかは一緒なのに、どこか違う。輪廻転生《りんねてんしょう》がもしあったら、私は絶対ほかの星の生物を選ぶと思うので、今世《こんせ》中に地球の鉄道を乗りつくそうと。燃え尽き症候群、ようやく脱却しました！

伊藤桃ちゃんと古谷あつみちゃんが卒業イベントを開いてくれます

――印象に残っているお仕事は。

木村　2011（平成23）年1月、若桜鉄道のイベントですね。大雪警報が出るほどの猛吹雪で、ステージで歌っていたらお客さんが見えなかったり脇の道路に除雪車が出動してきたり、もう大変。終わって帰ろうとすると、若桜鉄道まで運休に。日曜日で、ファンのみなさんも「明日は仕事、学校だから帰らなきゃいけないのに」という局面で、近所の人たちがクルマを出してくださったんです。JRの駅までピストン輸送で50人くらいかな、乗せていただきました。やさしいですよね。『旅と鉄道』の取材で言うと、大井川鐵道のSLや岡山電気軌道の「おかでんチャギントン」などと一緒に、表紙に出させて頂いたこと。鉄道雑誌の表紙を飾るってもう、あこがれじゃないですか。一般誌では何度かありましたが、うれしかったですね。

――「いまだから話せるネタ」は。

木村　「鉄道アイドル」が私の後にいっぱい出てきて、当時はジェラシーで葛藤の日々でした。にこにこしていましたが。相手も気を遣ってくれているのはわかる、でもこっちはどうしていいのか

「ここ数年で、女性の鉄道ファンが増えたことがすごくうれしいです」

「木村裕子 鉄道愛のすべて」発売中！

『旅鉄』木村原稿全掲載！

「由利鉄矢島駅のまつ子さん」や「三角線のハープおじさん」など、旅先でのうれしくも不思議な出会いが満載。表紙やグラビア用の写真もふんだんに、オールカラーの一冊です。
価格：1818円＋税
発行：天夢人

わからない。そのギャップ、距離感に悩みました。

豊岡真澄ちゃんは〝自他ともに認めるライバル〟でしたね（笑）、3年前にお仕事で一緒になったとき「あのときはいろいろあったね」と笑って話せました。伊藤桃ちゃんと古谷あつみちゃんとは、二人から「ずっと木村さんと話がしたかった」と言ってくれて、打ち解けて。最後に大きな卒業イベントを二人が開いてくれる予定なんです。いまになって、もっと他の女の子たちとも話せばよかったなと反省しています。

昔は「鉄道アイドル」ってひとくくりのジャンルでしたよね。それがどんどん細分化されて、おもしろくなっていますよね。鉄道と一緒で〝観光列車百花繚乱《ひゃっかりょうらん》〟みたいな感じかな。

19年前は四面楚歌《しめんそか》。鉄道ファンイコール「形式が言えなきゃだめ」みたいな世界へぽーんと飛び込んで「『(ワイドビュー)しなの』は振り子式だからぷりぷりしてる感じでかわいいね」などブログに書き続けていると、バッシングがすごかった。ただ私、結構我《が》が強いタイプなので「言いたかったら好きに言っていいよ」と、何を言われても止めなかった。するとSNSで「こいつ、へこたれずにいろいろやっててもおもしろいじゃん」「仲良くはしないけど別にそれはそれであり」と、受け入れてもらえた。

女性の鉄道ファンも増えてきています。私の19年間の活動がもしその一因になってくれていたのなら、うれしいですね。

――このほど『木村裕子 鉄道愛のすべて』（天夢人刊）を出版されました。

木村 時代が変わったなと思います。自分の成長も見えるというか、8年分の『旅と鉄道』の連載を読み直すと、たとえの表現も感想も未熟すぎて恥ずかしくなってしまいました。書き直そうかとも思いましたが、「それも〝木村裕子の歴史〟だ」と、そのままにさせて頂きました。

とくに女性に読んでもらいたいですね。鉄道ってその人その人のフィルター通すと全然違うものに見える、全然違う感想になりますよね。「小っちゃい頃から鉄道が好きだった私には、こういうふうに見えています」っていうのが伝わったらいいな、いつも見てる鉄道と違う部分を知ってもらえたらいいなって思います。

――ファンのみなさんにひとこと。

木村 まずは素直にここまで支えて頂き使って頂き読んで頂きアンケートもたくさん送って頂き、ありがとうございました。いままで〝中の人〟でしたけど、今後は旅好きな鉄道好きな一読者として、みなさんと同じ目線で楽しんでいきたいと思います。

（インタビュー・2021年4月）

木村裕子の鉄道データ

Q:制服は手作りとか?

A :そうなんですよ。秋葉原のコスプレ屋さんに10万円と見積もられて。母親が服飾の学校出ていたので、教えてもらいながら型紙から自作しました。イベントなどでインパクトのある制服を着ようって思って、色は目立つ色にって真っ赤に。自宅用のミシンだとプロ用と全然違って、すぐほつれてくるんです。仕方なく、3代目になりました。完璧オーダーメードなので着ると「ちょっと太ったな」がすぐわかる。体重をキープするにはすごくよかった。制帽は国鉄時代の実物に、赤い布を被せています。

全国各地で1日駅長・駅員・車掌をやらせて頂きました。1日とは言え、自作制服で実際の鉄道会社で任務できることはこの上ない喜びでした(木村)

Q:「木村鉄道株式会社」の社長になったら?

A :妄想なのに現実みたいな感じで、もう社員旅行もしてボーナスもあります。我が社は空間軌道という設定なので『銀河鉄道999』と同じでどこへでも飛んでいけちゃう。宇宙観光列車も運行したい。科学館の方に聞きに行くと「計算上はできる」って。じゃあ、土星の輪をつなげて「土星山手線」にしようとか、食堂車で土星で採れたジャガイモで作ったポタージュスープや火星産牛肉のステーキを出したいなとかって。いつになるかわからないですけど。

社員旅行の行先は復興支援や赤字救済などを目的として選んでいました。この写真は福岡でSL保存活動を行う「汽車倶楽部」へ行ったとき(木村)

笠井 信輔

Shinsuke Kasai

大好きな鉄道が仕事になる
とても幸せなことダネ！

Profile

かさい・しんすけ

1963年生まれ。東京都出身。早稲田大学卒業後、87年フジテレビ入社。アナウンサーとしてキャリアを積み、『情報プレゼンター とくダネ！』（フジテレビ系）では総合司会の小倉智昭氏のサブ司会を務めた。2019年9月にフジテレビを退職し、フリーアナウンサーとしての活動を開始。著書に『僕はしゃべるためにここへ来た』（新潮文庫）、『生きる力 引き算の縁と足し算の縁』（KADOKAWA）などがある。同年12月、悪性リンパ腫に罹患していることを所属事務所を通じて公表。翌20年6月、主治医から悪性リンパ腫が完全寛解したと伝えられたことをブログで報告し、芸能活動を再開した。

小学校が狛江駅の真ん前小田急でひと駅電車通学

――鉄道好きになったきっかけは。

笠井　小学校3、4年のときかな。旅行記を夏休みの自由研究の課題にしたんです。田舎があった常磐線の日立に母親と出掛けるとき、「駅を通過した時間を教えて」って。自分はノートに路線図を描いて、細かく時間を入れていく。駅弁の掛け紙や車内販売のアイスクリームのふたまで貼って、それが毎年のテーマになった。車内や車窓のいろんなことごとを伝える面白さを知って、鉄道に引かれていきました。

それと、小学校が狛江駅の真ん前にあって、学区が広かったせいで喜多見からひと駅、小田急電鉄で電車通学だったんです。体操着袋を線路に落として駅員さんに拾ってもらったりするうち、鉄道がなじみになって。町田に引っ越してからの高校時代も和泉多摩川まで電車通学で、小田急はぼくの原風景ともいえる存在でしたが、若い頃は鉄道ファンを自称したりはしませんでしたね。でも息子3人が鉄道に興味を抱き出したことから、「やっぱり鉄道って面白いじゃん」って思いが再燃して。一緒に鉄道ビデオを観ながら「700系かっこいい」みたいな会話を繰り返すようになりました。

局アナ時代は全国を取材して回るリポーター業が長く、あちこち鉄道で行く機会が増えて。仕事だけど旅情を感じましたね。フリーになって地方へ講演会に招かれたら、ローカル線へ乗り継いで行くのが楽しみで。「半日もかけさせてごめんなさい」っておっしゃられるけど、こっちは「うれしい、遠くでよかった」と（笑）。

飛行機だと乗ってる時間が短すぎるんですよ。〝どれだけ時間を短縮して効率よく移動していくか〟が絶対みたいな日常のなかで、鉄道に乗ってる間だけが唯一ゆったりできる。ひとりを楽しみ、癒されるから好きなんです。ローカル線の〝カタンコトン〟ってレールの継ぎ目の音が非常に心地よい。ロングレールはいけません（笑）。好きな車窓は、とにかく平野が広がっていて遠くに山が見えるところ。日本の鉄道は川沿いを走る区間が多いんですけど、渓谷よりも空の広さが感じられる田園風景がいいですね。

――好きな車両は。

笠井　小田急のロマンスカー！　幼い頃から夢の、あこがれの電車です。〝ピンポーン〟ってミュージックホーンもよく聞いていましたし。『とくダネ！』のスタッフと箱根へ旅行に行ったときは、〝おれの電車にようこそ〟って感じでした。

いま、新宿から町田までだって時間を調べてロマンスカーに乗りますから。420円余計に払って、大人買いに近いよね。「ロマンスカーに乗れる身分になったんだ」って（笑）。15年ほど町田市の成人式の司会をしてるんですけど、ボランティアなのに自腹でロマンスカーに乗って行く。「地元のためにおれ、こんなことができるんだ。こんな人生ってあるんだ！」って、もう最高の気分ですよ。だから料金のかからない急行なんかで出かけちゃダメなんです。

車両じゃないけど、特別な意識をもって乗るのは三陸鉄道ですね。東日本大震災で線路も橋脚も全部、町もほとんど流されてしまった悲しさというか、当時たびたび取材で出かけた島越《しまのこし》駅で流した涙は「なんということだ……」との思いから込み上げてきたものでした。全線復旧はなによりうれしく、鉄道好きということで声がかかって、『今、よみがえる三陸鉄道』（ＮＥＲＤ ｒｅｃｏｒｄｓ レーベル）というＤＶＤのナレーションを担当させていただけたことは、ありがたかったです。

『鉄子の旅』に息子たちと登場できたのはうれしかった

――ほかに鉄道好きがお仕事の役に立ったことはありますか。

笠井　『鉄子の旅』（菊池直恵著 旅の案内人横見浩彦／小学館）に描いていただけたのは、うれしかったですね。局アナが商業誌の連載漫画のキャラクターとして登場するなんて本当に奇跡。２度目は

「風情がある、昔ながらのたたずまいを残した駅に行くと気分が上がります」

「ダメ」って言われ、以降の登場は妻と子どもたちだけでしたが。長男は鉄道好きで中学生の頃はジオラマを作るほど。Nゲージ車両を持ち込んで楽しんだりしていました。

福澤《ふくざわ》朗《あきら》さん、土屋アンナさんとの『鉄道沿線ひたすら歩き旅 第6弾 磐越西線』（2019年12月／テレビ東京系）はフリーになった直後、「鉄道沿線の旅を」って話が来て。「絶対やらせてくれ！」と。ところがロケ直前に過去作を観たら、「乗り鉄のおれが乗れない？ 歩くだけ？」。フリーですから文句は言えませんが、いや、ほんとにきつかったですよ。番組としては面白かったけど、

「鉄道好き関係ねーじゃん。トレッキング好き呼びなさいよ」って（笑）。ただ、途中の各駅に着いたときの喜びと、すぐわきを電車が通り過ぎたときの興奮はすごかったですね。「おーっ、719系だっ！」とか、そこは鉄道ファンらしく。

——映画トーク番組『男おばさん！！』（日本映画専門チャンネル）のMCも長く務めていらっしゃいますね。

笠井　フジテレビ地上波時代から20年になります。

鉄道映画では、『新幹線大爆破』（1975年／東映）はパニックものの最高傑作です。高倉健が犯人、宇津井健が東海道新幹線の運転指令長役で、「ひかり109号」がスピードを時速80㎞以下に落とすと爆発するってサスペンス。邦画では『踊る大捜査線』のスピンオフで架空の地下鉄を舞台にした、ユースケ・サンタマリアさん主演の『交渉人真下正義《ましたまさよし》』（2005年／東宝）。洋画だと『大陸横断超特急』（1976年）に『カサンドラ・クロス』（同）、『アンストッパブル』（2010年）も楽しい。韓国のゾンビもので『新感染 ファイナル・エクスプレス』（17年）も、ものすごくよくできてます。

昔は列車が止まれずに駅や鉄橋に突っ込んだり落ちたりするシーンが見せ場で、観客が溜飲を下げた。いまは「生き延びて、そこに一筋の光が——」が主流になってます。この時代、映画には希望がなくてはいけない。『ＲＡＩＬＷＡＹＳ』シリーズ（10年〜／松竹）みたいに、癒される作品も増えています。

――鉄道ファンにひとこと。

笠井　早く友だちと鉄道のよさを分かち合い、家族でおしゃべりしながらの旅ができるようになるといいですね。ぼくは妻子から「声が大きい。プライベートなんだから、気づかれたら困る」と言われ、かなわなかったんですけど（笑）。

（インタビュー・２０２１年6月）

笠井信輔の鉄道データ

Q:ロマンスカー以外に好きな車両は?

A:近鉄特急の「ビスタカー」。2階建て車両のはしりとして、子どもの頃から“スター車両”でした。JR東日本のグリーン車2階席も好きで、10両分ぐらいホームを走って気持ち悪くなってでも、つい乗っちゃう。小学生の頃に名古屋で名鉄のパノラマカー見たとき、「何でロマンスカーがここに?」って強烈なインパクトを受けたことも、思い出です。それにしても海老名にオープンした「ロマンスカーミュージアム」は、都県境が越えられる状況になったらすぐにでも行きたい場所ですね。

日本初の前面展望車両として1961年にデビューした名鉄7000系「パノラマカー」と一緒に(本人提供)

Q:笠井鉄道株式会社の社長になったら?

A:古いタイプのロマンスカーとミュージックホーンを復活させる。騒音問題で廃止されたけど、苦情などものともせず、音を鳴らしながら走らせるアグレッシブな会社を目指します。小田急と被らないルートで箱根へ。途中箱根登山鉄道の線路を借りて、芦ノ湖まで新線を建設。富士山が見えるインバウンド列車を走らせます。車内アナウンスは英・中・韓国語のみ。外国語を学んだ日本人が海外旅行を楽しむような雰囲気と、郷愁のロマンスカーで新たな客層を取り込みます。

幼少期のあこがれだったという小田急ロマンスカーNSE(3100形)

瀧野 由美子

Yumiko Takino

ともに育った500系に乗って今日もエネルギーチャージ!

Profile

たきの・ゆみこ

1997年生まれ。山口県出身。2017年3月、STU48第1期生オーディションの最終審査を通過し、仮合格者となる。同年5月、広島市で開幕した『2017ひろしまフラワーフェスティバル』のステージにおいて、STU48としてお披露目され、年末の『第68回NHK紅白歌合戦』にAKB48として出演。1st写真集『君のことをまだよく知らない』が講談社より発売中。

広島~東京4時間はあっという間　速さと便利さに新幹線の進化実感

――鉄道好きになったきっかけは。

瀧野　父が学生時代から全国をめぐってたほどの〝鉄道大好き〟でした。出身が山口県なので、物心ついた頃には新幹線の車両を造ってる下松《くだまつ》市の日立製作所笠戸事業所とかへ、家族そろって鉄道を見に訪れるのが当たり前だったんです。小さい頃から自分が鉄道好きだってことは隠してなかったので、小学校時代の友だちからも「変わらず好きなんだね」って言われます。仲のいい弟もいま20歳なんですけど〝鉄分〟が濃いままで、何でも知ってるから仕入れる情報が多いんです。実家に帰ったときに「この車両が走るらしいよ」って教えてもらって、一緒に見に行ったりもしています。姉は〝普通の人〟ですが(笑)、車両を見て「これは〇〇系」って会話が成り立つくらいの鉄分はもってます。

車両で好きなのは、やっぱり新幹線500系ですね。新幹線のボディって白くて丸いイメージがあったんですけど、それを覆す〝カワセミをモチーフにした〟という先頭部の鋭さがかっこよくて。私と〝同い年〟なので、なにか縁があるのかなとも思います。

あとは地元を走る、SL「やまぐち」号ですね。SLは形もですけど、汽笛がすごく好き。聞いてるだけで除夜の鐘みたいな、煩悩《ぼんのう》が消える感じがして圧倒されます。このあいだ「ＤＬやまぐち号」のときに初めて新しい客車に乗りました。運転席みたいなフォトスポットがあったりコンセントが付いてたり。すごくないですか？　ＳＬとの違いも実感できて、楽しかったです。

鉄道が撮りたくって、ミラーレスカメラを買いました。Ｔｗｉｔｔｅｒでファンの方からおすすめの機種を聞いたり、店員さんのアドバイスを参考にしたりして選びました。親のカメラを借りてたときから自分のデジカメを持ってる〝大人〟に憧れていたので、うれしかったですね。まだまだ使いこなせてないんですけど。弟に「カメラを買ってあげる」って約束してて、かなったあかつきには二人で鉄道の撮影に行きたいですね。

——新幹線に乗る機会は多いですか。

瀧野　いま広島に住んでますので、ＳＴＵ48でのグループ移動は新幹線ばっかりです。東京でのお仕事だと片道4時間ですが、あっという間。新大阪までだと「速すぎる！」って気になります。いまは休止中ですが車内販売が好きで、新幹線の中でしか買えないグッズを気にしてワゴンをのぞいたり、ＷｉＦｉでＳＮＳをしたりしていると全然退屈とは感じません。速さや便利さから、新幹線が日々進化していることを実感させられますね。

一人のときはマネージャーさんに「電車で行ってもいいですか」ってお願いして地方の在来線に

乗り継いだり、意外と山手線とかに乗る機会がなくって、東京へ行くたび〝乗りたいので乗ったり〟してます（笑）。広島の路面電車にはよく乗りますね。昔からの車両もあれば最新のもあるので、ぼーっと停留場で見てるだけでも楽しいです。

――お一人だと気付かれて声を掛けられたり騒がれたりしませんか。

瀧野　ないです。なにもない（笑）。せめて声を掛けて頂けるように頑張りたいです。

「サンライズ瀬戸」のおかげで祖父のお葬式に参列できました

――STU48のホームグラウンド、瀬戸内地方でおすすめのポイントは。

瀧野　たくさんありすぎて……。亡くなった祖父母の家が香川県の高松琴平電鉄沿線にあって、いまもいとこたちがいるので山陽新幹線と瀬戸大橋線の「マリンライナー」から乗り継いで行きます。小さい頃から慣れ親しんだので、「ことでん」は大好きです。「バーバパパ」とのコラボも楽しかったし、マスコットの「ことちゃん」もかわいいし、フォローしてるSNSもおもしろい！「レトロ電車」がなくなってしまうのはさびしいですね。

家族でも一人でも「ノビノビ座席」しか乗ったことがないんですが、「サンライズ瀬戸」からの

「新幹線５００系は同い年。〝縁〟を感じます」

瀬戸大橋の風景もいいですね。岡山での「出雲」編成との切り離しは「瀬戸」の発車が先だと知らなくて、せっかく早起きしたのに最後まで見られなかったんですよ。がっかりしてたら、瀬戸大橋で「いい景色！」（笑）。

東京でシングルCD発売キャンペーンの生放送があったとき、香川の祖父が亡くなったって知らせが届いたんです。次の日に広島でお仕事が入ってたので「お葬式には出られないな」って思っているうち『サンライズ』なら間に合う」って気付いて、飛び乗りました。『瀬戸』のおかげでおじいちゃんに会えたんだ」って思うと、いいめぐり合わせでしたね。

山陽本線は高校時代に通学で使ってて、真っ青な瀬戸内海と緑や黄金色の田んぼの絶景車窓に日々浸ってました（笑）。

――鉄道旅が難しい状況が続いています。

瀧野　テレビ番組を観て鉄分を補給したりネットで鉄道グッズを買いあさったりしてました。グッズはお箸とかモバイルバッテリーとか、日常使いができるものに引かれますね。Nゲージ風のバッテリーが突然光ったとき、STU48のメンバーがびっくりしてました。でも「かっこいいね」って言われてうれしかった。私が鉄道好きってみんな知ってるので、「黄色い新幹線に出合ったよ！」って写真が送られてきたり、「ハローキティ新幹線に乗ったよ！」「新車のお披露目イベントに出たよ！」なんてＳＮＳが届いたりします。もっとも誰一人、鉄道好きになってくれてはいませんが(笑)。

――いま鉄道旅に出掛けたい場所は。

瀧野　「ここに行きたい」より「この電車に乗りたい」が強いですね（笑）。海外ならフランスのＴＧＶに乗るのがずっと夢で。国内だと東京より東の新幹線に乗りたいです。お仕事でも全国ツアーのときの1回きりで、プライベートでも年に1回も機会がなかったので。とくに「グランクラス」はいちど乗ってみたいと思ってます。

ＳＴＵ48のメンバーを旅に巻き込むとしたら、「青春18きっぷ」を使ってみんなをぞろぞろ、電車に乗せたいです。ふだんから新幹線で4時間かけて上京してるので、長時間の乗車に抵抗はないだろうと。丸一日でも大丈夫かなって（笑）。

――鉄道ファンにひとこと。

瀧野　こういうお仕事をしながら、鉄道のよさを知らない方にもどんどん発信したいと思っていますので、応援よろしくお願いします。

（インタビュー・2021年8月）

瀧野由美子の鉄道データ

Q:女性の鉄道好きを増やすには?

A :「ハローキティ新幹線」を見たキティちゃん好きの女性が盛り上がっていると聞くと、女性に人気のキャラクターとのコラボレーションがいいのではと思いますね。あとはメイク道具のブラシみたいな、日常使いのアイテムにも注目が集まるのではないでしょうか。有名メイクブランドとのコラボ商品があったら個人的にもうれしいし、絶対買います。発売されたらモデルに起用されるように頑張りたいと思います(笑)。

「大好きな『ことでん』のグッズもたくさん集めたいです」(写真/本人提供)

Q:「瀧野鉄道株式会社」の社長になったら?

A :芸能界に入る前からの夢だった、「瀧野由美子の顔のラッピング車両」を走らせたいです。JR西日本の500系新幹線のラッピングが「500 TYPE EVA」の紫色、「キティ」のピンクと続きましたから、次が「STU48のイメージカラー」の水色だったら“めっちゃかっこいいな”と思い願っていたので。いろんな企業さんとのコラボで実績のある「ことでん」の車両を使って、中国・四国地方の瀬戸内海沿岸を走らせたいと思います。

人気キャラクターのラッピングトレインとして運行されることもある500系新幹線

岡安 章介

Akiyoshi Okayasu

プライベート鉄道旅で ついに降臨?!「鉄神様」

Profile

おかやす・あきよし

1979年生まれ、埼玉県出身。2000年、土谷隼人、下池輝明とともにお笑いトリオ〝ななめ45°〟結成。趣味は自転車、DJ。特技は電車ものまね、長距離走、リフティング等。「笑神様は突然に…」(日本テレビ)にて〝鉄道BIG4〟として活躍中。YouTube「ななめ45°の【45° ch!!】」ではライブやコントを配信中。

父親が〝模型鉄〟でずっと自宅にモジュールジオラマがありました

――鉄道好きになったきっかけは。

岡安　父親が〝模型鉄〟で、生まれたときからずっと自宅にNゲージのジオラマがあったんです。集合住宅だったので大規模な固定式ではなく、小さなモジュールをつなぎ合わせられるタイプでしたけど。〝田舎の原風景〟がモチーフだったので、欲しかった新型の電車などは「雰囲気に合わないだろ」と言われ、ぼくはプラレール一筋でした。

小学校4年生までの自宅が東京・尾久の車両基地近くという土地柄だったせいか、友だちにも鉄道好きが多くて。いろんな路線の駅名を順に並べ合ったり、鉄道ばなしで盛り上がったりしてました。ところが埼玉・桶川に転校したら、まわりに鉄道好きなんて一人もいない。試しにクラスメートに駅員さんのまねを披露してみたら「おぉー！」ってヒーロー扱いでしたが、鉄道と触れ合う機会はいっぺんに減ってしまいましたね。家で父と模型を作るばかりの日々で、それ以外の鉄道趣味からは距離を置いた状態がしばらく続きました。

芸人になって、鉄道をコントや単独ライブのつなぎのVTRなどのネタにすることを考えたと同時に鉄道への思いが再燃して。ホリプロマネージャーの南田裕介さんに教えを乞うようになったんです。いまでも〝師匠〟とあがめています。

〝鉄道ＢＩＧ４〟の中川家礼二さん、ダーリンハニー吉川正洋さんや南田さんとは鉄道ばなしでしょっちゅう盛り上がるのですが、お三方とも野球も大好き。ぼくは〝野球分ゼロ〟なので、話題がそちらに向くと蚊帳《かや》の外。寂しい思いをしています。

鉄道ネタは〝ふと思いつく〟イメージです。今後も新しいネタを披露したり、「トレイントロドン」「高田馬場（ババ）抜き」などの後継となるゲームを開発したりしたいなと、いつも思っています。たとえば、「クハ」「モハ」「サハ」「キハ」「オハ」「ＳＬ」「ＥＬ」などのカードをそれぞれつなげて、「走れる編成になったらＯＫ」「機関車の後ろは何でもいい」というゲームは、試作品も完成してます。車両記号の意味を知らない参加者に対しては、その段階から事前説明が必須なのが盲点でしたが……。

〝ななめ45°〟メンバーの土谷隼人、下池輝明はともに〝鉄分ゼロ〟。下池に至っては「電車のきっぷを一度も買ったことがない」、駅で路線図を見ても「自分がいまどこにいるかわからない」レベルで（笑）。それでも二人に鉄道ネタの相談をすると、それこそ電源車の「カニ」なんて「マニアックすぎて、お客さんには到底理解できない」などの〝ありがたくも厳しい〟アドバイスをもらっています。

地元・埼玉に限らずどこでも車内アナウンスを担当したい

――ご自身は〝何鉄〟ですか。

岡安　「岡安章介の撮り鉄道」（鉄道チャンネル、2016年～）という番組に出演してましたけど、最近はなかなか撮影に行けてなくて……。もっぱら〝乗り鉄〟ですね。地方の仕事のときも「一人で行きますから」って言って「青春18きっぷ」で遠回りしたり、途中下車してローカル線をめぐったり。このあいだ石川県に行ったときには、「最終列車で折り返せるな」と、のと鉄道に17時頃から乗りました。七尾～穴水間の乗車券（往復1700円）より、1日乗り放題の「つこうてくだしフリーきっぷ」（1000円）が安いことに気がついて。駅員さんに「いまからフリーきっぷ？好きだねー」って（笑）。

北陸鉄道浅野川線に移った旧東京メトロ日比谷線の03系のオレンジ色帯も気になって、北鉄金沢駅でねばってなんとか見られました。銀座線の01系ぽくなって、おもしろかった。もっとも寄り道をマネージャーに伝え忘れてて、現場で「岡安はどこだっ！」って騒ぎになったらしく、ずいぶんしかられました。でも懲りずに、糸魚川《いといがわ》から大糸線、松本を回って帰ってきましたけど。

新潟ではスタッフから「明日、現美新幹線の車内を撮影しながら東京に戻る」って聞いて、出番

「『ななつ星in九州』を撮影した際は、事前に練習していたのにいざ列車が来ると迫力がすごくて思わずシャッターを押すのを忘れそうになりました」

もないのに交ぜてもらいました。最近は〝引退しそうな車両の看《み》取り〟にひかれてます。ＪＲ２０５系とか、東急８５００系とか。デビューからもう46年といいますから、ホームに入ってきた電車が８５００系だと本気で〝ラッキー！〟って。走り出すと新型コロナウイルス対策で開けてる窓が枠に当たってガタガタガタガタ……。あのサウンドは最高ですね。

――プライベートでも乗られますか。

岡安　もちろんです。奥さん（女優の木本夕貴さん）が愛知県出身で一緒に帰省した3年ほど前、「ムーンライトながら」の185系に乗りました。奥さんは初めての夜行列車で、ぼくも「ながら」は初乗りだったのでわくわく。ただ、奥さんは〝興奮度ゼロ〟どころか、寝台特急「サンライズ瀬戸・出雲」を見かけたとき、「あっちがよかった」としみじみ……。乗客も写真を撮ったりコアな鉄道ばなしで盛り上がったりしてたので、「うるさすぎ」とブランケットをすっぽり被って寝てしまいました。

奥さんは最近「パワースポット」にハマっているので、途中に神社仏閣などをうまくはさみ込むようにしながら、旅行のスケジュールを組むようにしています。ただ、〝鉄道に乗るために遠回り・寄り道〟していることに最近感づき出したようで。西武秩父まで特急「Ｌａｖｉｅｗ（ラビュー）」で三峯《みつみね》神社に参拝した帰り、三峰口から秩父鉄道に乗ったら熊谷の手前で「行きよりずいぶん長くない？」と（笑）。

一人であいの風とやま鉄道からえちごトキめき鉄道に乗り換えようとしたとき、寝過ごして泊駅で待つことになって。「何もない、どうしたものか」と駅前で立ちつくしていたら、大きな虹が現れて。「鉄神様はいるんだ」と感動しながら、ぼぉーっと空を眺めてました。まわりは下校の女子高校生ばかりで、「広場に変なおじさんがいる」と気味悪がられたかも（笑）。いすみ鉄道の帰りに外房線の大原からＪＲの快速に乗ったときは、初めて出会ったファンの男の子とずっと鉄道ばなしをしてました。気づかれることは少ないですけど、見かけたら声をかけて頂けるとうれしいです。

――今後やってみたいお仕事は。

岡安　黒部峡谷鉄道の室井《むろい》滋《しげる》さんのような、車内アナウンスですね。地元・埼玉を走る西武鉄道や秩父鉄道、東武鉄道などだったらベターですが、全国どこでも。現地で収録されるなら自腹でもお伺いしますので。「18きっぷ」シーズンだと、なおありがたく（笑）。各鉄道事業者様のオファーをお待ちしております。

――鉄道ファンにひとこと。

岡安　鉄道旅のしにくい状況が続いていましたが、ようやくよくなってきたようですね。とくに地方へ出かけて楽しんでください。きっと歓迎してくださると思います。

（インタビュー・2021年10月）

岡安章介の鉄道データ

Q:すでに「岡安新都市交通株式会社」の社長ですね。

A :ダーリンハニー吉川正洋さん経営の「吉川急行電鉄」と接続して、三軒茶屋～砧公園～世田谷美術館間を細々と運行しています。車両の刷新や路線の延長は現状望めないので、既存の高架橋を活用した妄想アーティストによるウォールアートの展覧会などを検討しています。クリアファイルなど以外にもグッズを充実させたいのですが、親会社であるホリプロコム側から「高価なモノはやめてよ」と釘を刺され、苦慮しているところです。

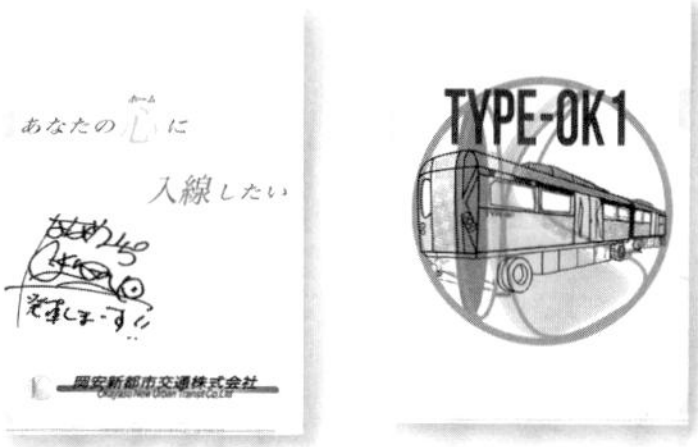

「岡安新都市交通」のサイン入りクリアファイル

Q:今後、乗ってみたい列車はありますか?

A:豪華クルーズトレインですね。ひとつも乗ったことがないので。「ななつ星in九州」を由布院で実際に見たときには、塗装の素晴らしさに魅了されました。周囲の森の木々が車体にずらりと映っていたり、光線の加減で移り変わる微妙な色、風合いの変化に写真や映像で観るのとまったく違うライブ感を感じたりと。あの車両は〝鉄道界のラスボス〟です。山陰本線ですれ違った「TWILIGHT《トワイライト》 EX《エクス》PRESS《プレス》 瑞風《みずかぜ》」も美しい列車でした。

由布岳を背景に久大本線を走る「ななつ星in九州」

ミッツ・マングローブ

Mitz Mangrove

艶《あで》やかに装って
豊潤な旅へ、今誘《いざな》う

Profile
みっつ・まんぐろーぶ

1975年生まれ、神奈川県出身。2011年、「若いってすばらしい」で歌手としてデビュー。12年、「星屑スキャット」のメンバーとして「マグネット・ジョーに気をつけろ」発売。「5時に夢中!」（TOKYO - MX）番組アシスタントとして出演中。22年1月から、ダイアナ・エクストラバガンザ、肉乃小路ニクヨとともにYouTubeチャンネル「女装産業ビューロー」を開設。

女性車掌さんが増えてるけどいまだに慣れずにいます

――鉄道好きになったきっかけは。

ミッツ　難しいなぁ……。私はアナウンスフェチなんですよ。昔から石焼きいも売りとか、ちり紙交換とか、定型文の。駅員さん、車掌さん、電車の自動案内放送、みんな定型文じゃないですか。口調とか覚えて、そっからのような気もします。

運転士さんより車掌さんになりたかったんですよね。駅員さんもそうだけど、車掌さんのアナウンスって、まめな人とそうじゃない人の落差がすごい。国鉄時代の下り横浜線だったら全部肉声で、「新横浜の次は小机に停車します」って菊名駅の発車直後と新横浜駅到着直前にもう1回繰り返したり、ただ「次は新横浜」だけだったり。それで昔はね、「あ、今日はこの車掌さんだ」ってわかったんですよ。そんな情緒ある男性の車掌さんって減っちゃいましたね。

最近、女性の車掌さんが増えてるけど、いまだに慣れずにいます。それと英語のアナウンスをね、矯正してあげたい。流暢に話してるつもりなんだろうけど、「ネイティブには一切通じないよ、そういうの」って、聞いてて違和感みたいなのがすごい（笑）。

――イギリスで暮らされてますものね。

ミッツ　12歳から。ロンドンの地下鉄は見事、世界最高でしょ。１００年以上の歴史があって、「チューブ」っていうんですけどトンネルがほんと歯みがきのチューブみたいな形で、そこを半円形の車両が走ってる。全然更新もされてなくて、床は木製。エスカレーターまで木製でしたね。

イギリス国鉄もよく使ったけど、日本とは全然概念が違って「何とか線」なんて付いてない。アナウンスも何もないから、気をつけてないと思いもしない方向に行っちゃうし途中で方向が変わっちゃうしそもそも時間通りに来ないし、遅れたら途中で「もうここで折り返します」。日本の鉄道の正確さってすごいんだって、改めて思い知りましたね。ただ、案内のし過ぎでかえってわかりにくくしてる（笑）。駅にナンバリングなんていらない、ローマ字表記だけしててくれれば十分なんです。

両親が私と弟には「いろいろな経験をさせてやろう」って方針で。父親は鉄道好きじゃなかったけど、ブルートレインで長崎に行こうとか東北新幹線や埼京線が開通したら乗りに行こうとか、野辺山へ行って「ここが日本で一番標高の高い駅だ」とか。あれが教育だった。学校の自由研究にしたりするうち、「自分でいろいろ組み立てる」って感覚が身に付いた気がします。イギリス時代もイタリアとドイツ、ほかにヨーロッパでは一番古いっていうハンガリーの地下鉄にも乗りに行きました。

高校受験で15歳のときに帰国して。ずっと鉄道が好きは好きだったんだけど、その頃になるとほかのいろんな物事に興味が沸いてしまって、「もう鉄道まではまかないきれないな」と。いったん封印してしまった感じでしたね。

JR東神奈川駅・103系と東急8090系が大好き

――2020年の「行列のできる法律相談所」（日本テレビ系）で、鉄道好きをカミングアウトされました。

ミッツ　ほかの仲間にも打ち明けたら、「実は私も。小さい頃から『時刻表』をめくって〝何時の列車に乗ったら何時にこの駅に着く〟とか妄想しながら、ひとりでずっと眺めてた」って、結構そういう人が多くて。私たちって友だちがいないわけじゃないけど特有の感性があるから、まわりの人と共有できない部分もある。だから自分の世界を構築、熟成させていく。鉄道に限らず飛行機だって音楽だって映画だって同じ。みんなそれぞれのジャンルで、頑張って自分自身を磨いてきたんじゃないでしょうか。

別の番組で同世代のディレクターに話したら、チーフカメラマンもめちゃめちゃとんでもない〝鉄ヲタ〟だったり、鉄道系人気ユーチューバーの動画に引かれたりするようにもなって輪が広がって。

「鉄道模型にハマったきっかけは、小学生の頃近所のお兄さんからいらなくなった模型をもらってから、かな」

〝鉄道愛〟がここにきて再燃した感じです。

――好きな駅や車両は。

ミッツ　駅は東神奈川！　自宅にレイアウトも作ってます。京浜東北線と根岸線の電車が停まるし横浜線の起点だし、東海道本線の特急「踊り子」に横須賀線、最近は相鉄の電車まで。隣の鶴見方面にちょっと行けば、鶴見線と南武線まで見られますから。

車両は子どもの頃からいまだに新幹線や特急に興味がなくって、在来線の普通の電車が大好きです。とくに103系。学生時代に横浜線を使ってたので、青とウグイス色のつぎはぎ編成とか、思い入れがあります。動く103系に乗りたくて、このあいだ姫路でのお仕事のついでに赤紫色の3500番代で、播但線をずいぶん先まで往復してきました。205系はちょうどイギリスに行く頃に山手線で走り始めたって聞いて、帰国したら横浜線まで205系になっちゃってた。茅ヶ崎に祖父母が住んでて相模線の500番代もなじみだったので、播但線と一緒にウチの東神奈川駅に並べてます（笑）。3月改正でなくなっちゃったみたいで、残念です。

東急の8090系もいいですね。デビューした時に菊名から渋谷まで乗ったらモーター音と加速がすごくて、画期的でした。床下からたたみかけるように低音が響いてくる。しかもすごい軽量で薄いステンレス車体だって触れ込みだったせいか、〝歩くように走ってるな〟って印象が残ってます。

でも、ふだん電車に乗ることはほとんどありませんね。乗りたい気持ちはやまやまだったんですけど、私たちが乗り込むとまわりから〝ザワザワ〟って聞こえてくる感じがしていやだったし。「Ｓｕｉｃａ」を買ったのも、つい2年前です。あと、湘南新宿ラインとか上野東京ラインとかの定義がよくわからない。国鉄だったら横文字使うなんてありえない。千代田線が町田に行ったり東横線が飯能に行ったりって、相互直通乗り入れも位置関係がどうしても理解できなくて、なじめずにいます。

——鉄道ファンにひとこと。

ミッツ　本気の度合いがもしかして違うかもしれないけど、「ちょっと仲間に入れてください」って感じですね。それと、ダイアナさんとニクヨさんとの3人旅、ＹｏｕＴｕｂｅチャンネル「女装産業ビューロー」もよろしくお願いします。

（インタビュー・２０２２年2月）

ミッツ・マングローブの鉄道データ

Q:「ミッツ鉄道株式会社」の社長になったら?

A:東急電鉄を買収します。自分が乗ってた時代の東急をリバイバルさせたい。地上の渋谷駅や横浜〜桜木町間を元通りにするのは大変だと思うけど。2・3歳頃に初めて聞いた「ステンレス」って言葉の響きが大好きで、私のなかでステンレス電車っていったら東横線。目蒲線や池上線に残ってた緑の電車も懐かしい。それにしても横須賀線の武蔵小杉駅。あんな離れてるのに東横線・南武線と同じ駅名って不思議ですよね。

東急8090系先頭車の前面貫通扉付きバージョン、デハ8590形

Q:「3人旅」はとても楽しそうですね。

A:鶴見線は昔「子どもだけで乗っちゃいけない」場所だったので(笑)。沿線を訪ねられたことが鉄道熱再燃のきっかけのひとつだったかも。京急川崎駅の回では、自腹で応募した「『パタパタ』発車案内装置引退記念乗車券」の抽選に当たったのが、うれしかった。大阪出身のダイアナさんが「日本1〜5位の規模のターミナル駅は大阪に集中してる」って教えてくれたので、3人で全駅訪問してきました。

2月11日をもって引退した関東最後の「フラップ式発車案内装置(通称・パタパタ)」の勇姿を見届けに京急川崎駅へ(写真／YouTubeチャンネル「女装産業ビューロー」より)

SAORI

アンドロイドは旅の途中で将来の夢を見つけるか？

Profile
さおり

大阪府出身。「アンドロイドのお姉さん」としてフリーランスで活動中。2017年に行われた東京ゲームショーでアンドロイドのパフォーマンスをし、SNSで話題になった。22年1月、初の著書『散歩するアンドロイド』（KADOKAWA）を発売。YouTubeチャンネル「散歩するアンドロイド」で動画を配信中。

学生時代はバックパッカーでした　免許がないので公共交通機関ばかり

――YouTubeチャンネル「散歩するアンドロイド」を立ち上げたきっかけは。

SAORI　イベントでアンドロイドのコスプレをしたら、SNSでバズって「アンドロイドモデル」みたいな感じで認知されて。でもニッチなジャンルなので、知ってる人は知ってるけど、知らない人が圧倒的に多かった。で、〝私自身を知ってもらおう〟って思って始めました。

初めは「街なかにアンドロイドが現れた」とか、「アンドロイドがペヤング獄激辛やきそば食べてみた」とか。アンドロイドにフォーカスしたキャラだけでやってたんです。でも、そのうちネタ切れじゃないですけど、自分自身も〝こんなんでみんな楽しんでくれてるのかな〟って考え始めて。

ロケ番組風に「アンドロイドが近所を散歩してる」からどんどん幅が広がっていって、「旅」にフォーカスするようになりました。もともと学生時代はバックパッカーだったくらい、旅が好きでしたし。現地で「撮影させていただいていいですか？」みたいな感じで食べ物屋さんに〝突撃〟するのも楽しい。YouTubeの番組製作はプランニングから動画の撮影、音入れ、編集まで全部ひとりでやってます。旅から帰って、最近はだいぶ慣れて速くなったんですけど、それでも番組1本完成させるのに、2日がかりで10時間ぐらい、ですかね。

――「取材」で苦労したことは。

SAORI 私、クルマの免許持ってないんで。移動手段はすべて鉄道とかバスとかの公共交通機関なんです。地方だとバスが1日2本で4時間待ちとか……。それでもできるだけ〝いい画《え》を撮りたい〟って気合い入れて、行っちゃいます。長い待ち時間って苦労といえば苦労かもしれませんけど、思わぬ出会いもあっておもしろい、うれしいですよね。このあいだ指宿《いぶすき》で砂むし温泉に入ってるうちふと思い立って、指宿枕崎線で「JR最南端の駅」西大山へ行ったんです。どうしても夕日のカットが撮りたくてバタバタしてたらコケて足をけがして血がドバドバ（笑）。

そしたら「鉄」っぽい男性が「これで洗い流して」ってミネラルウォーターのペットボトル買ってきてくれたり、駅前のお店の男性店長さんと女性スタッフさんが傷の手当てをして話し相手になってくれたり。初めは〝帰りの列車が来るまで2時間待つぞ〟って頑張ってたんですけど、血は止まらないし九州なのに冷え込んでくるし。〝踏んだり蹴ったりだ〟ってめげてたら、スタッフさんがクルマで送ってくれたんです。

〝最南端の駅に行ったぞ〟だけだったら、正直忘れちゃうぐらいのエピソードなんだろうけど。優しかった人間たちとの西大山駅での出会いって、たぶんずっと忘れないだろうなって。破損した足を見るたび、思い出すことになるでしょうね（笑）。

旅行関連の国家資格にチャレンジしようと受験勉強中

――好きな路線や駅、列車はありますか。

SAORI　冬の五能線は〝すごいな〟って思いました。海も山も間近で、とってもよかった。千畳敷駅の「氷のカーテン」がとくに印象に残ってます。線路際の断崖の岩肌が巨大なつららで覆われてた。

あと、これも出会いの話になっちゃうんですけど。列車待ちの間に千畳敷駅近くの民宿のおばあちゃんと3時間、ずっとおしゃべりできて。「このへんは青森なのにリンゴの栽培ができないから貧しいんだ」とか……。

――人を引き付ける力が強いのですね。

SAORI　ふだんは結構淡々と旅してるんですけどね。津軽鉄道にも立ち寄ったのに、日程の関係で「ストーブ列車」に乗れなかったのは、ほんと残念でした。初めは〝ただただ雪が見たい〟って青森まで出かけたんですけど。列車の中でもストーブをたいて暖かく過ごせるんだっていうことに、雪国ならではの工夫というか、文化を感じましたね。それにしてもストーブ列車で、スルメを

「YouTubeチャンネルの再生回数を増やすポイントは、視聴者の興味を引くような、動画を観てみたいと思っていただけるようなタイトルとサムネイル作りが重要ですね」

焼いてみたかった（笑）。

――初めての著書『散歩するアンドロイド』には旅のお話が満載。鉄道関連だけでも「夜行列車のロマン」「青春18きっぷの旅」が掲載されています。

SAORI　ものすごく時間がかかってしまいました。コロナ禍で旅に出られなかったこともありますが、去年の8月から12月にかけてずっと引き籠って、執筆にかかりきりでした。愚痴になっちゃいますけど、担当編集者さんはほとんど何も手を入れてくださらなかったし（笑）。

――必要なかったんでしょう。率直に読みやすい、いい文章だなって思いましたから。今後取り組んでみたい「活動」はありますか。

SAORI　いまは自由奔放に旅をしてますけど、いずれは「自分が行った旅」を自分でツアーとしてプロデュースしてみたいです。私のおすすめを詰め込んだツアーが催行できたらな、と。動画にアップされても、実際に行ってみていただかないと伝わらないところがきっとあるはずなので。「旅行系ユーチューバー」としては、視聴してくださった方にとっても〝現実体験の提供〟って、すごくいいことなんじゃないかな。

ファンの方にとっては〝微妙〟かもしれませんけど、いずれは私自身が表に出なくとも、出演しなくとも、クオリティーの高い動画を製作してみたい。それだけの技術を身に付けたいって思ってます。その一環として、旅行関連の国家資格にチャレンジしようと受験勉強に取り組んでます。

――鉄道好きな女性を増やすには。

SAORI　SNSなんかで、〝いろんなものが見られる鉄道旅行って、こんなに楽しいんだよ、景色もすごいし沿線のおいしいものがたくさん食べられるんだよ〟って発信する。スタートはそこから。私はいろんな観光列車や寝台特急「サンライズ」が大好きですけど、知らない人にとってはハードルが高い存在ですよね。チケットを旅行会社で買えばいいのかみどりの窓口で買えばいいのかなんて、全然わからない。

私も〝クルマがないので仕方がない〟と、移動手段として鉄道に乗り始めましたけど。そのうちに〝どういう列車なんだろう〟って事前に調べたり、〝なんかいい車両だな〟って思ったりするようになっていったので。〝まず乗ってもらう〟よう呼びかけることを、きっかけにしたいですね。

――鉄道ファンにひとこと。

SAORI 鉄道そのものに詳しいわけではないので、列車に乗りながら勉強していくつもりです。どうか温かく見守って頂き、よろしかったらYouTubeチャンネル「散歩するアンドロイド」も、ご視聴ください。

（インタビュー・2022年4月）

SAORIの鉄道データ

Q:「SAORI鉄道株式会社」の社長になったら?

A:「現美新幹線」に初めて乗ったとき“すごいすごいよかったなあ”と思ったんです。「現美新幹線」みたいな列車をスケルトン車体で運行したい。人間が列車に乗って移動しているところが外から見られるって、“これこそアートだ”と思いませんか? スケルトン列車を走らせるなら、山あいの路線。森の中を車内が素通しで見られる列車が人間とともに移動していく。まさに「自然と文明と人間の調和」ではないでしょうか。

2020年1月に運行を終了したE3系「現美新幹線」

Q:素敵なコスチュームはオーダーメイドですか?

A:3千円ぐらいの市販品です(笑)。ウエストをキュッと絞ったちょっとミニっぽいワンピーススタイルが気に入って。新しいコスチュームも何着か買ってみたのですが、これがいちばんしっくりきちゃって。ずっとスペアを探してるんですけど、同じタイプが見つからない。毎回ちぐはぐになっちゃうのも面倒くさいし覚えてもらいやすいし。もう5年も着続けてます。「アンドロイド」なので、アクセサリーは付けません。

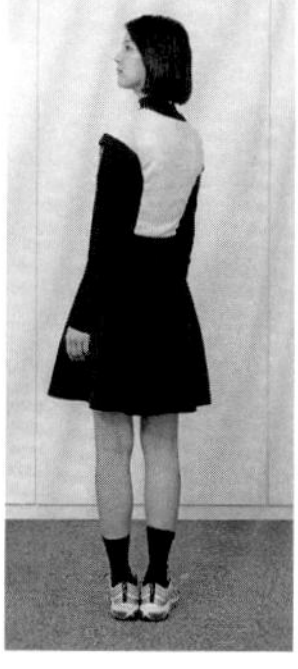

アンドロイド活動中の定番となっているワンピース。「寒い日は中に長袖を着ています」

伊藤 壮吾

Sougo Ito

ポケットに時刻表を入れて夢は人生3回の鉄道完乗

Profile

いとう・そうご

2003年生まれ、千葉県出身。9人組ミクスチャーユニット「SUPER★DRAGON」のメンバーとして活動中。20年2月放送の「タモリ倶楽部」(テレビ朝日)にて、タモリ電車クラブの正会員に認定される。その後、「友近・礼二の妄想トレイン」(BS日テレ)など数多くの番組に出演。21年公式YouTubeチャンネル「伊藤壮吾の鉄道チャンネル」を開設し、その鉄道愛を発揮している。

ずっと首都圏で暮らしていたので「新快速」など関西の鉄道は楽しい

――鉄道好きになったきっかけは。

伊藤　〝気づいたら好きでした〟みたいな感じです。両親は世間一般より鉄道知識のレベルが高いほうだと思いますけど、もともとそうだったのか、ぼくが鉄道好きだからそれに合わせてそうなったのか、どっちが先かわかりません。

新潟にいる母方の祖父は国鉄の保線職員でしたが、とくに鉄道がらみの話を聞いたことはなかったですね。ただ、父が出張の多い仕事だったので、しょっちゅう東京駅へ新幹線の見送りに行ったり迎えに行ったり。以前住んでいた場所が千葉の八千代緑が丘で、東葉高速鉄道線と東京メトロ東西線はおなじみの存在でした。葛西の地下鉄博物館は身近だったし、大宮の鉄道博物館にもよく連れて行ってもらいました。父が応募してくれたE7系の試乗会に当選して長野から大宮まで乗ったり、新潟の祖母が夏休みに「SLばんえつ物語」のきっぷを取ってくれたり。あれが人生初のSL体験ですね。そんな幼少期を過ごしていました。

鉄道の本は母の読み聞かせから始まって、すごくたくさん読みました。いまも取ってあるんですけど、絵本の『のりものアルバム』なんてもう全文暗記するぐらい繰り返し読んで。いま読み返してみると結構古い車両が載ってたりして、意外と楽しい。それで鉄道の知識が身に付いたこともきっかけかもしれないですね。

ぼくが鉄道に乗ることばっかり好んでドライブに出かけようとしなかったせいで、父はマイカーを売っちゃいました（笑）。

――好きな鉄道車両は。

伊藤　結構珍しいタイプだと思うんですけど、小さい頃からいまに至るまでずっと新幹線より在来線、とくに通勤電車が好きです。東西線の05系とかＪＲ東日本のＥ２３１系とか、だいたいその系統ですね。いまでも普通に電車に乗ってますよ。ぼく、そんなにオーラがないせいか、ファンの方が気づいて声を掛けてくださったりじっと見られたりって、あんまりないので（笑）。

通勤電車のなかでも、関西の鉄道は興味深いですね。ずっと首都圏に住んでるから、違いが際立って楽しいなって思います。とくに「新快速」の２２３系がすごい好きです。クロスシートで時速１３０㎞、めちゃくちゃ速い、かっこいい。何回乗っても飽きないので、関西へ出掛けるたび１００％乗りに行っちゃってます。

それと、ぼくが生まれる前でもちろん本とか映像でしか見たことはないんですけど、国鉄末期からＪＲの初期ぐらいの車両が実はいちばん好きなんです。ＪＲ九州の７８３系とか７８７系とか、

〝勢いがあったな〟って感じがする。新幹線でいうとE2系とかE4系「Max」とか。その頃にデビューした車両は、どれもかっこいいなって思います。

一人が気楽で鉄道好きもいないしほかのメンバーを誘ったりしない

――行ってみたい路線や駅は。

伊藤　ぼくは基本「乗り鉄」「時刻表鉄」で全線完乗を目指していますので、JRや大手・中小私鉄だけじゃなく『鉄道要覧』に掲載されている鉄道・軌道のすべて、乗ったことのない路線はどこも行きたいんですけど……。

いま19歳で2月が誕生日なのですが、18歳になったのをきっかけに、ゼロからノートに乗車記録を付け始めて。この1年あまりで30000㎞ちょっとぐらい乗ったかな。北海道、四国とJR西日本の中国山地の在来線とかまったく乗れてなくて、ちょっとあせっています。なにしろ人生で3回、全線完乗したいと思っているので。1回目を30歳までに終わらせておけば、100歳まで生きていくうちに三巡できるかなと。

まずは北海道ですね。特急「オホーツク」とか「宗谷」とか。あとは身延線と飯田線も乗りたいです。秘境駅めぐりじゃなくて、JR東海が個人的に好きなんですが、東海道新幹線に比べたら在

「お仕事を通じて、いろんな鉄道会社さんの役に立てることが嬉しいですね。
今後は車内アナウンスにもぜひ挑戦できれば」

来線特急ってほとんど乗る機会がない。「ふじかわ」「伊那路」に「しなの」「南紀」も含めていわゆる「（ワイドビュー）」シリーズは関東からだとよっぽど〝乗りに行こう〟って決意しないと難しい。京阪神の列車なら「SUPER★DRAGON」のライブの合間にちょこちょこ乗ったりできるんですけどね。

――ほかのメンバーとの鉄道旅は。

伊藤　誘わない誘わない（笑）。鉄道旅は一人のほうが気楽だし、メンバーの一人にぼくの妄想鉄道「壮都《そうと》高速鉄道」のキャラクターデザインをしてもらいましたけど、特別鉄道好きはいないし。付き合わせるとかえって迷惑かなと。このあいだは福岡でのライブのとき、駅弁「かしわめし」で有名な東筑軒の折尾駅の立ち食い「かしわうどん」が食べたくなって。博多駅を朝早く出て、「ソニック」で戻ってきたりもしましたね。

プライベートで友だちとはよく出かけますよ。ぼくがプランを立てることも多いです。「青春18きっぷ」で仙台へ行ったり、新潟へ行くのに何度も乗ったE4系「Ｍａｘとき」のお別れ乗車をしたり、小田急ロマンスカー50000形ＶＳＥの〝最初で最後〟の乗車を果たしたりもしました。

——とくに若い世代の鉄道好きを増やすために、どんな方法があると思われますか。

伊藤　ぼくもどうしたらいいんだろうっていつも考えているんですが……。この3月にＪＲ九州さんから「ＳＬ人吉」用の客車を使って島内あちこちをめぐるというツアーのお仕事を頂いて。8割9割がたぶんぼくのファンの方で、鉄道にそれほど関心があったわけではないと思うんです。でも、そんな方たちがぼくのことを〝きっかけ〟として列車に乗ってくださって、ＪＲさんの売り上げにも貢献できた。それがちょっとうれしかったですね。

ぼく自身でそんなに大きな動きはできないと思いますが、鉄道好きが鉄道について語っているのを観たり聴いたりすると、なんとなく楽しいですよね。そんな雰囲気でいろんな物事を、ネット配信なりＳＮＳなりで発信していけたらいいなとは思っています。鉄道についての知識が深まれば、たとえば列車が遅れたとき、原因がわかればあんまりイライラせずに済むかも。そういう鉄道との触れ合い方のようなものを伝えていけたらいいなって気はしています。

各地で運行されている観光列車なんかも、実は〝ローカル線の生き残り策〟だったりしますよね。雑誌なんかに「営業係数」が載っていたりすると、興味を引かれます。観光列車をただ楽しむだけじゃなくて、その〝裏〟に何があるのかを考えたりするのもおもしろいと思います。

でも、同級生とか、プライベートで接したことがある女性で鉄道好きって、いままで生きてきて一人も出会ったことがないんですよね（笑）。

（インタビュー・２０２２年６月）

伊藤壮吾の鉄道データ

Q:各駅で配る「ポケット時刻表」の収集家だと。

A:小学5、6年生の頃からもう500～600枚になりますね。常磐線の中距離電車区間なんかだと全部の列車や駅が載っているものもあります。紙のメリットって保管できること。ダイヤの変遷を振り返りたくなったときには“最強”って気がしています。アプリなんかだとダイヤ改正のたびに更新されて消えてしまいますから。全国各地のファンの方から送って頂いたものは別途保管しています。コロナ禍で配布中止が相次いだことは残念です。

インタビュー中にお披露目してくれた各鉄道の「ポケット時刻表」

Q:「壮都高速鉄道」はどんな路線ですか?

A:人工島の壮都県の中を走る都市型の架空路線です。パソコンが苦手なのでノートに手書きで、配線図や平日と土日の始発から終電まで全列車の時刻表を、高校時代に休み時間も全部使って、一人で書き上げました。車両基地のある駅で緩急結合ができて、車番や列車番号の振り方とかは東京メトロに近いんじゃないかな。車両は小田急3000形にすごく似ちゃった(笑)。「そうとくん」グッズは、ライブで販売したこともありましたね。

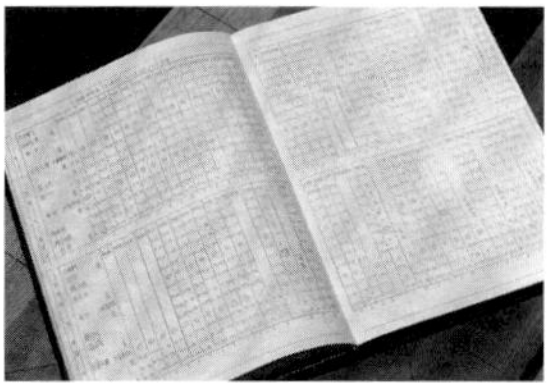
「東京メトロや羽田空港などを参考にして考えています」

吉川 正洋

Masahiro Yoshikawa

日本全国津々浦々
我が愛しき「鉄道ひとり旅」

Profile
よしかわ・まさひろ

1977年生まれ、東京都出身。2000年長嶋トモヒコとコントデュオ「ダーリンハニー」としてデビュー。「タモリ倶楽部」(テレビ朝日)の「タモリ電車クラブ」会員でもあるほどの鉄道ファン。『ダーリンハニー吉川の全国縦断鉄博巡り』(メタモル出版)を執筆するほか「鉄道ひとり旅」(鉄道チャンネル)に出演中。

2歳で見た小田急3000形が原点　6歳から「鉄道ひとり旅」を実践

――鉄道好きになったきっかけは。

吉川　2歳のとき、親戚のお兄さんが小田急小田原線の成城学園前と喜多見の間に架かっている橋へ「ちょっと電車を見ようか」って誘ってくれたのが原点です。ロマンスカー3000形SSEがとてもかっこよく見えまして。もう、そのまま一気に鉄道好きになったんですね。3100形NSEの展望席、千代田線から直通してきた9000形もかっこいいな、電車によっていろいろ顔も違うんだなとか。そういうところにどんどん魅了されていきました。

6歳、小学校1年生になると東急、西武、京急、東武、京成……もちろん国鉄も、いろんなところに電車旅をするのが好きになってしまって。新宿から箱根湯本まで、「鉄道ひとり旅」へ行っちゃうほどでした。

路線図を見て、親には何も言わないで朝から出かけて夜まで帰ってこない。そんな子どもでしたね。ほんとにお小遣いギリギリで乗ってたんで、田園調布駅で50円硬貨を落として、「もう家へ帰れない」って号泣したこともありました。そのとき、たまたま声を掛けてくれた通りすがりの女性がぼくの小学校の父母で、親に連絡してくれて助かりました。それから親がお小遣いをちょっと多目に渡してくれるようになりました（笑）。中学、高校生になってお小遣いに余裕ができてもカメラを機材が必要な〝撮り鉄〟には向かわず、ひたすら列車に乗って乗りまくってました。

――周囲に鉄道好きの友だちは。

吉川　90年代はまだ〝鉄道好き〟って、ちょっと暗いイメージというか〝オタク〟というか。おおっぴらに認知される存在ではなかったですからね。彼女ができたときも、ぼくは横浜大洋ホエールズ（現・横浜ＤｅＮＡベイスターズ）以来の大ファンで、野球観戦デートへ誘ったついでに乗りたい電車に乗ったりしたんですけど、鉄道好きとは気づかれてなかったようです。相方（長嶋トモヒコさん）とは高校時代からコンビを組んでいたんですが、いまでいうカミングアウトはせず、鉄道に関してはずっと「ピン（一人）」で行動してました。

たまたまネタ作りの最中に、相方が「鉄ちゃんネタとかおもしろいかもね」って言い出して、「これはしめた」と（笑）。最初に思いついたのが、「鉄道ファンが結婚相談所に行ったら」みたいな設定のコントでした。そのうち東急東横線の駅名を全部言ってみたら「何それ？」ってなって、とにかく早口で次は小田急線、西武線、京急線と続けたら「ネタで使えるじゃん」と。小っちゃい頃に覚えたことって、何年経っても忘れないものですよね。

——コントの「鉄道ネタ」ってどのあたりがポイントになりますか。

吉川　ぼくらが子どもの頃って、結構クセの強い車掌さんが多くって。路線ごとに「名物車掌」がいらして、たとえば「次は下北沢」って言ってるはずなのに、何言ってんだか全然わかんない。結構そんな方のものまねなんかをしてましたね。いまだにノスタルジックを感じてやってますけど、最近本職の車掌さんに「いまはそういう言い方はしません」と、しかられました（笑）。

子どもの頃から車掌さんが好きだったんですよ。ドアの開け閉めの所作とかもすごくかっこよく見えて、部屋でひとり〝練習〟してました。

運転士さんより車掌さん、「戦隊モノ」でも主役の「レッド」よりも、どっちかっていうとメーンじゃない〝支え〟みたいなキャラクターが好きなんです。

いまは仕事で本職の方と触れ合う機会が増えて、営業運転中の車内でアナウンスをさせて頂いたこともありますけど。安全にかかわる仕事だって思うとほんとうに緊張して、こんなに緊張するんだ、こんなに重い、責任感が違うんだって。いままでギャグとしてまねをしていたこと、反省しました。

ロケで本物の制服を着させて頂いたこともあります。休み時間に構内をぷらぷらしてたら、お客さんに「次の急行はどっから出るんですか」と尋ねられて、「はい、こちらでございます」と当たり前のように対応して。〝じーさん顔〟ってよく言われるんですが、〝駅員顔〟でもあるんですかね。

「いろいろな楽しみ方がある、鉄道の魅力を発信していきたいです」

鉄道会社の制服姿にまったく違和感がなかったようです（笑）。

関東に4路線、関西に5路線の妄想鉄「吉川急行電鉄」を展開

――「吉川急行電鉄」にもちゃんとした制服がありますね。

吉川　〝妄想鉄〟ですが、こだわって作りました。とくに制帽は実在する鉄道会社の納入業者に発注した「本物」です。「ＹＫ丸囲み」の社章もプロのデザイナーさんにデザインして頂いてます。妄想鉄にはまったく架空の地名を使っている方と、現実にある場所に線路を敷いている方の二極に分かれますが、「吉川急行電鉄」は後者です。関東エリアでは１号線が吉祥寺〜武蔵小杉間、２号線が赤羽〜羽田空港間、３号線が渋谷〜東京間、４号線が池袋〜西新井間です。関西エリアは「ゆめあり線」がゆめしま〜有馬温泉間、「大環状線」が新大阪〜吉急あべの〜新大阪間、「吉急神戸線」が吉急梅田〜神戸三宮間、「緑橋線」が新大阪〜八尾市間、「吉急スカイアクセス線」が尼崎中央〜大阪空港間となっています。地域性に合わせて、関東は狭軌の１０６７㎜、関西は１４３５㎜の標準軌です。

——どれも実際に存在していそうなルートですね。

吉川　原点は子どもの頃、自宅から近くの公園までの途中に「ロイヤルホスト中央」とか勝手に駅を設置して、自転車で弟と電車ごっこをしたことですね。ぼくは急行、弟は各停役で、緩急接続して追い抜いていったりとか（笑）。吉川急行電鉄も地図への点つなぎみたいな感じで、〝ここところの間に鉄道があったらいいのにな〟って感じでルートを決めていきました。建設費は2号線だけで8兆2000億円という試算が出ています。妄想鉄は楽しいですよ。これから中京圏や九州にも吉川急行電鉄を走らせたいと思っています。

現実世界でどこかの鉄道会社を借り切って「一日吉川急行電鉄」を運行するのもおもしろそうですね。

——鉄道ファンにひとこと。

吉川　旅のよさと鉄道のよさを、皆様にできる限り伝えていければと思っています。ぼくの旅は〝グダグダ〟な感じではありますが、「実際、旅に行った気持ちになれる」とおっしゃって頂くことも多い。鉄道旅の魅力を今後も伝えていきたいと思いますので、ご乗車お待ちしております。

（インタビュー・2022年8月）

吉川正洋の鉄道データ

Q:印象に残る、行ってみたい旅の行き先は？

A:山ほどありますね。まずは復活したら只見線。六角精児さんと現地でトークショーをしたことがあって。山の中で鉄道のお話をしたり、山菜がおいしかったり。川霧も美しい魅力にあふれた路線ですし、プライベートでもぜひご一緒したいですね。ほかには北海道、花咲線。別寒辺牛《べかんべうし》湿原を横切ったりタンチョウやエゾシカ、馬が現れたり、なにより厚岸駅弁の「かきめし」もおいしいです。あとは、ブルートレイン「北斗星」が復活してくれたら最高ですね。

只見線を走るキハE120形。只見線は2022年10月1日に全線運転再開した

Q:好きな鉄道会社の制服は？

A:東京メトロめちゃめちゃいいですね。どこか質のよさを感じさせてくれますし、スタイリッシュで差し色がさりげなく、おおげさじゃないところも好感を抱くポイントです。制帽のデザインも“いいなあ”と思いますね。小田急の駅長さんとかロマンスカーの運転士さんの制服もすごいし、JR東日本も素敵だと感じます。もちろんほかの鉄道会社の制服も、“全然かっこいい”と思っています。どれも着用して「一日駅長」を務めたいですね。

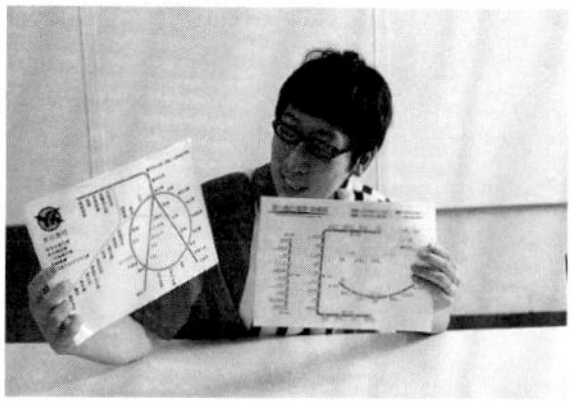

自身の鉄道会社について熱く語る吉川さん。「ＹＫマーク」は吉川急行電鉄の制服にもあしらわれている

市川紗椰

Saya Ichikawa

注目するのは細部に宿る工夫された車両デザイン

Profile

いちかわ・さや

1987年生まれ。4歳から14歳までアメリカで育つ。ファッション誌でモデルとして活躍するほか、テレビ・ラジオや広告などにも多数出演。鉄道以外にも、食べ歩き、地形、アニメ鑑賞、相撲鑑賞、美術鑑賞、音楽など多趣味で知られる。

インターナショナルスクール時代 一人だけ西武多摩川線で通ってた

――鉄道好きになったきっかけは。

市川　みなさんそうだと思いますが、「気がついたら好き」って感じで、理論的な裏付けはないんです。乗り物全般と地図も好きでした。子どもの頃にアメリカに住んでいて、毎年日本に遊びに来ると鉄道がすごく新鮮に見えたこと。逆に言えば、アメリカに住んでいたことが鉄道好きになったきっかけなのかもしれません。

アメリカって子どもだけでどこかへ行くって基本的にできませんから。日本で同い年くらいの小・中学生が友だち同士や一人きりで鉄道に乗っているのを見て、「素晴らしい。きっぷさえ手に入れれば、どこへでも連れて行ってくれるというのがいいな」って思いました。路面電車や通勤電車が街に溶け込んでいる光景も好きでしたね。

日本へ戻ってきて入学したのがインターナショナルスクール、西武多摩川線の沿線です。みんなスクールバスや自転車なのに、私だけ「乗りたいから」っていつも電車通学していました。あとは親戚が名古屋にいたので、名鉄の赤い電車が好きになりました。鉄道は地域地域によってものすごく個性が強くて、その場所にしかない特徴が車両や駅に反映されているってことも、魅力でした。

――「音鉄」「車両鉄」と伺いましたが。

市川　どちらも好きですが、「何鉄？」って聞かれるから、強いてそう答えてるだけ。乗るのも乗って呑《の》むのも時刻表も全部好きです。

ただ「音」からわかる情報ってすごく多いですよね。聴くだけで車両の製造年代も速度もどういう場所を走っているかも、季節だってわかる。音だけなのに「そこにしかないもの」になってるっていうのが、おもしろさのひとつです。

以前は録音機を持ち込んでましたけど、いまはスマホの動画機能で録って音だけ聴くほうが、音質がいい気がします。人がわちゃわちゃしゃべってるのも無音状態も苦手なので。音の「情報分析」以前に、寝るときに寝台列車の走行音を聴くとかしてますね。

――お気に入りの車両は。

市川　長く追ってきたという意味では115系など、国鉄の近郊形です。色のバリエーションも楽しいし、重厚感とか音とかもいい。西鉄の「よく見たら左右非対称」って、雑なイラストみたいな感じも好きです。

あとは……、103系も好きです。和田岬線とか行きましたよ、最後。最近の車両も小っちゃなデザインの工夫がいっぱいあって、ちょっとした違いなんかを発見するのが楽しみです。ラインカラーをどこに通してるかとか、都営地下鉄のいちばん新しい５５００形の側窓まわりのデザインが歌舞伎の隈取《くまどり》をイメージしてるんだとか。

５５００形のデザイナーの方とお話ししたとき、広告スペースを確保するために窓を小さくしたいという要望があったけど、子どもが外を見やすい状態にもしたかったと。どちらもかなえられる合理的なデザインを求めたら、結果として素敵なものになったとの言葉にうなずかされました。

丸ノ内線は都市設計としてルート選定が素晴らしい

――路線では。

市川　都営浅草線が好きですね。乗り入れしている会社と車両の種類が多いのでコレクター心をそそられるというか。東京メトロ丸ノ内線もショートカットのルートが都市設計として、ものすごく好きで。あんな路線の敷き方あります？　ぜいたくですよね。真っ赤な２０００系の丸窓やサインカーブもいい。かつて日比谷線で銀色の電車が発表されたとき、ハイカラな最先端のデザインだなと、世間は衝撃を受けたと言われています。いまとなっては「銀色は味気ない」って言われますよね。逆に２０００系と黄色い銀座線１０００系は、一回まわってレトロ調がトレンドになってる。丸ノ内線はまだ02系があるので、「どっちが来るのかわからない」感も楽しいです。

「中国チベット自治区の青蔵(せいぞう)鉄道も乗ってみたい路線です。ばかみたいな長距離をずうっと乗り通したい。標高が高すぎて酸素マスクを配られるというし、空が近くてうそみたいに真っ青だそうです」

新交通システムとモノレールも好き。街なかをすいすい縫うように走る感じがいい。湘南モノレールに初めて乗ったときは衝撃でした。懸垂式であんなに地面から近い車の真上って、いまは法令上造れないんですよね。カーブも勾配もとんでもない。

――未乗で乗ってみたい路線や車両は。

市川　阿佐海岸鉄道阿佐東線のＤＭＶです。走る前に見ましたが、停まってるとただの小っちゃいバスなんで（笑）。実際走っているところに乗りにいかなきゃなと。思ってた以上に道路から線路への切り替えが速くて、あれは世界に発信すべき技術です。

このあいだコロナ禍以来初めてアメリカに帰国できて。ニューヨークのグランド・セントラル・ステーションって建築としてすごく美しいので、改めてただうろうろとしてみたら、ベタですがタイルとか文字のロゴとかがすごくかわいくて楽しかった。

日本では鳥栖駅がいち押しです。九州の交通の要《かなめ》なのにまったく変わってない。古い湾曲したガラスが現役だったり、外国製の古レールを柱に使っていたり。いろんな時代を過ごしてきた重厚なはずの駅なのに、ぱっと見かわいらしい。番組収録で何度か実は鳥栖駅そのものの価値と魅力を語ってるんですけど、なぜか全部カットされちゃう。フィーチャーされるのはホームの立ち食い「かしわうどん」ばっかり。おいしいですけどね（笑）。

――ご自身なりの「鉄道会社を応援する方法」がありましたら、教えて頂けますか。

市川　乗りに行く。乗ってもいないのになくなったと悲しがってみせるのは、すごくずるいことです。そして乗りに行ったときには、たわいないモノかもしれないけど、できるだけ売ってるグッズだのお菓子だのを買う。「応援する」って、状況として発信力とかじゃなくてお金なんで。そんなにみんな鉄道が好きっていうなら、モノを買う。クラウドファンディングだって結構やってますから、寄付をするのもいい。乗りに行こう、お金を落とそう。応援方法はそれだけ、それしかありません。

強いて付け加えるとしたら、乗りに行ったときに地元のお店で飲んだり食べたり買い物したりする。地域全体が潤うことこそ、鉄道の維持につながると思います。

――鉄道ファンにひとこと。

市川　たくさん乗りに行きましょう。それと、友人とか家族とかから旅のスケジュールを「お任せ」されたら、何をしてもいいです。とんでもない遠回りとか、自分のしたい放題をしてください。私もいつもそうしてます。

（インタビュー・2022年10月）

市川紗椰の鉄道データ

Q:「市川鉄道株式会社」の社長になったら?

A:リアル模型のような会社にしたい。公園とか女子大のない女子大とか、「なんじゃこれ」ってシンプルすぎる駅名を付けて「懸垂式モノレールの山万」にします。空白地帯が多くて儲かりそうだからか世田谷区に敷くって「妄想鉄」の方が多いと聞きますが、私の懸垂式山万は中央線の吉祥寺から武蔵小金井あたりと、西武線をつなげます。あとは岐阜、路面電車がなくなった区間に復活させます。利便性を考えると、その2カ所が好適地ですね。

"懸垂式モノレール"の湘南モノレール

Q:鉄道好きを増やすには?

A:年齢層や性別にかかわらず、ネットなどを活用してきっぷを買いやすくすることでしょう。観光列車、とくに使い勝手がよく増やしてほしい個室の指定席券やメインの路線に限らず、接続するローカル線なども簡単に一括で。鉄道旅が敬遠されるのは、きっぷの買い方がわかりにくいからなんです。接続ダイヤの連携も必要です。ファンは楽しいかもしれませんが、乗継駅で何時間も待たされたら、普通の人は「次は車にしよう」って思いますよね。

「きっぷを買うにしても、『みどりの窓口』に行かずともネットですべて購入できるようになればいいな」(市川さん)。

村井 美樹

Miki Murai

大好きな赤い列車に乗って 我が子も“旅こけし”デビュー

Profile

むらい・みき

1979年京都府出身。高校時代より演劇を始める。大学在学中の2000年にWASEYANグランプリ、02年に第19回ミス早稲田キャンパスアイドルコンテストグランプリを受賞。「夏樹静子の量刑～脅された法廷～」（NHK）で女優デビュー。「クイズプレゼンバラエティー Qさま!!」（テレビ朝日系）、「鉄オタ選手権」（NHK）、「ローカル路線バスVS鉄道乗り継ぎ対決旅」（テレビ東京系）等出演中。

リュックと靴とヘルメットまで被って　娘は「こまち」がすごく好きです

――以前娘さんが大きくなったら「一緒に鉄道旅をしたい」とおっしゃっていました。

村井　4歳になりました。アンパンマンの〝旬〟って2〜3歳といわれてますので、3歳のうちにJR四国のアンパンマン列車に乗っておきたくて。岡山空港までは初めての飛行機、岡山駅から「予讃線8000系アンパンマン列車」に乗り、琴平駅近くの宿に泊まりました。翌日は「瀬戸大橋アンパンマントロッコ」に乗って、岡山駅から新幹線で帰宅という、娘中心のアンパンマン列車はしご旅でした。動画や本を見て「乗りたい乗りたい」って言っていたので、テンション高くうれしそうにしてましたね。私も夫も瀬戸大橋をトロッコで渡るのは初めてで、爽快感がありました。チケットの数が限られてますから、1カ月前にネットで「10時打ち」。おかげで無事ゲットできました。

真岡鐵道で初めてのSL体験も。「シュッシュッシュッ」ってブラスト音の迫力にびっくりして、ちょっとぐずってたんです。でも、乗った瞬間から楽しくなったみたいで、「ポォー！」って汽笛の声まねしたり、真岡駅に降りたときに「一緒に写真撮って」とせがんだりとか。

娘は秋田新幹線「こまち」がすごく好きなんです。E6系モチーフのリュックと靴にヘルメットまで被って「こまち」づくし。女の子だからですかね、赤い列車が好き。「みさきまぐろきっぷ」

で京浜急行に乗ったら、2100形が気に入ったみたいで。帰りは青の「KEIKYU BLUE SKY TRAIN」でもと思ってたら、「赤いのじゃなきゃやだっ！」。

宮城の鳴子温泉で〝旅こけし〟デビューも果たしたんですよ。「こまち」を仙台で途中下車して古川駅から陸羽東線に乗り換えて、いっしょにマイ旅こけしもたくさん買いました。


——「我が子を鉄道好きにさせよう計画」が。


村井　結構うまくいってます（笑）。図鑑を見せて好みをリサーチしたりイメージを膨らませたり。私も夫も結構忙しくて、3人でずっと一緒にいられる機会って旅行ぐらいなので。娘にとっては鉄道に乗ることがいい思い出、うれしい経験になってるみたいですね。

伊豆へよく行くんですけど、E261系「サフィール踊り子」にもE257系「踊り子」にも乗りました。伊豆急行の「キンメ電車」も小田急ロマンスカー70000形GSEも赤いから好きみたい。家族旅行って荷物が増えるじゃないですか？　だから、夫がクルマで荷物を運んで私と娘だけが身軽に「サフィール」に乗ることも。クルマで出掛けても途中の渋滞で娘が飽きちゃって、母娘二人で電車に乗り換えたこともあります。

あと、赤い車両だとえちごトキめき鉄道の「雪月花」も娘が乗りたがっていますね。実は0歳の時に家族で乗ろうとしたのですが、直前で娘が熱を出しちゃって。夫が「きっぷがもったいない、娘は見るから行っておいで」と言ってくれたので、私一人で乗ったら、「雪月花」の写真を見るたび「これ、ママだけ乗ったんだよね」って（笑）。娘が小学生くらいになったらぜひまたチャレンジしたいです。

『鉄子の旅』の時代に比べて鉄道趣味がフランクでナチュラルに

――「水バラ　バスvs鉄道乗り継ぎ対決旅」（テレビ東京系）では、すっかり〝鬼軍曹〟イメージが定着していますね。

村井　「対決旅12・13」と連敗中なので、次回はどうしたら勝てるかを考えているところです。いつもミッション達成に時間がかかってしまっているので、列車の時刻や乗り継ぎルートのチェックばかりでなく、その先の先まで見通しておくことも大事かもしれませんね。地図ももう少し読めるようになりたいです。

対決旅のロケは急な豪雨や猛暑など気候との闘い、本当に過酷です。一緒に歩くゲストの方々にあんまり無理をさせられないところもあって。飲食店でのミッション「人気メニューランキングクイズ」もバス旅チームリーダーの太川陽介さんはすぐ当てちゃうのに、私は「何なの？」って思うくらいことごとく外す。それがネタにもなってるんですけど、結構なプレッシャーで。

「『雪月花』は改めて家族で乗りに行きたいです」

太川さんは頭の冴えと身体を軽くするため、対決旅の直前にファスティング（断食）をなさってるそうなので。私もファスティング用の酵素ドリンクを買ってみました。今日届くんです（笑）。できることは何でもやって、あとは運を天に任せて。※次回は必ず勝ちますっ！

――近年は鉄道好きな人たちが増えてきた気がします。

村井　私が旅のゲストとして登場したコミック『鉄子の旅』（小学館『月刊ＩＫＫＩ』01〜08年連載）の初期の時代はまだ、自分が鉄道好きだと隠していた人が多かった感じがします。けれどいまは私も含めてみなさんフランクに、ナチュラルに鉄道好きだって言えますよね。

鉄道モチーフのテレビ番組も増えていますし、出演者に男性・女性ってくくりもなくなって、内容も相当マニアックなものからライトなものまで、多様性が感じられるようになりました。私が出演している番組「鉄オタ選手権」でもマニア集団の中に〝非鉄芸人さん〟が加わっていて、そんなに鉄道が詳しくなくとも楽しめるような作りになってます。『鉄子の旅』のモチーフでもありましたけど、「何だかよくわからないことに興奮している人たちがおもしろい」みたいな視線で見ている視聴者も、多いんじゃないでしょうか。

鉄道好きに対する世の中の人たちの見方も、優しくなったような気がします。私自身もけっしてマニアックな方には向かっていないんですよね、ずっと。車両の形式とか覚えたはずなのに、すぐ

※インタビュー直後にロケ、オンエアされた「対決旅14」では、村井さん率いる鉄道チームが見事勝利を収めました

忘れちゃう。でも、テツ道を極めたい人は極め続ける、ライトでソフトな鉄道旅である「ソフ鉄」を楽しみたい人は楽しみ続ける。それでいいんじゃないでしょうか。知ったらもっと乗りたくなる。いろんなタイプの鉄道好きの人たちがいろんな鉄道を訪れる機会が増えれば、鉄道事業者はもちろん、地域の活性化にもつながりますしね。

（インタビュー・2022年12月）

村井美樹の鉄道データ

Q:思い出に残る列車は?

A:「西武 旅するレストラン 52席の至福」です。男女のアテンダントの方がテーブルに置いていたこけしを見て「好きなんですか」「ええ」って会話があって。臨月で「見上げてごらん夜の星を」の生演奏を聴きながら、"夫婦二人きりの鉄道旅も最後か"って感傷的になってて。サプライズで夫が注文してくれていたデザートプレートが届いたら、こけしが描かれてたんです。前もって夫が頼んでくれていたわけじゃなく、スタッフさんの粋な計らい。涙腺が決壊して、あとは号泣でした。

サプライズで登場した、こけしのイラスト入りデザートプレート

Q:「村井鉄道株式会社」の社長になったら?

A:まず、トロッコ列車を走らせたい。「流氷ノロッコ号」がよかったんですよね。トロッコ車両を木次線なんかにリースする手もある。あとは思い出深い小田急20000形RSEやヘッドマークと斜めストライプが好きだった185系「踊り子」など、引退した車両を集めてリメークして走らせたい。なんだか大井川鐵道やトキ鉄の鳥塚亮社長みたいな発想ですけど(笑)。安く乗れる寝台列車も開発したいですね。

2016年に運行を終了した釧網本線の「流氷ノロッコ号」

祝! 2022年開業西九州新幹線

長濱ねる

Neru Nagahama

長崎の一番の魅力は何といっても人の温かさ

Profile

ながはま・ねる

1998年、長崎県生まれ。3歳から7歳まで五島列島で育つ。読書家で知られ、書籍情報誌『ダ・ヴィンチ』にてエッセイ連載を執筆。NHK『離島で発見!ラストファミリー』、フジテレビ系『セブンルール』のMCレギュラー出演や、NHK・SDGsキャンペーン『未来へ17アクション』PR大使を務めるなど幅広く活躍中。2022年10月3日より放送のNHK連続テレビ小説『舞いあがれ!』出演中。

――西九州新幹線開業に何を期待しますか。

長濱　長崎に訪れる方が多くなることと、長崎に住んでいる方が旅や日常的に利用することで、少しでも交通の便が良くなればいいなと思っています。

新幹線になじみがない長崎の方々も、西九州新幹線を通して新しい鉄道の旅の魅力に気づいて楽しんでいただけるのではと期待しています。

――西九州新幹線「かもめ」のデザインの印象は。

長濱　親しみやすさがあってかっこいいですね。内装もすごく凝っていて、床がパッチワークのようになっていたり、木材が多用されていて木の温もりを感じたり。本当に細かなところに工夫がされていて、乗るだけでワクワクするようなデザインでした。

車体に書かれた毛筆の「かもめ」という文字は最初に見たときにとてもインパクトがありました。一番に目が行くところで、号車によって文字のデザインも違っているので、そこもお楽しみポイントですね。

――長崎県の魅力を教えてください。

長濱　今回、観光ＰＲのポスターにもなっていますが千綿《ちわた》駅のイチゴ農家の方とお話をして、改めて長崎の方って本当に温かいなと実感しました。長崎は修学旅行生や観光客が多くいらっしゃるので、道で迷っている人を見かけたら周りの方がすぐ声をかけてくださるんですよ。中には目的地まで案内してくださる方もいらっしゃって……。

長崎の自然・美味しいもの・歴史など魅力がたくさんある中で、やっぱり人の温かさはとても大きくて。そんな長崎の人の温かさの魅力というのはテレビや雑誌だけでは伝えきることが難しいので、西九州新幹線に乗って、ぜひ足を運んで実感していただけたらと思います。

——最後にひとことお願いします。

長濱　いよいよ開業が迫り、私もすごくワクワクしています。皆さんが西九州新幹線に乗って、色んな思い出を作っていただけるように私も楽しみながらお手伝いできればと思っています。長崎のみなさん、県外のみなさん、開業を一緒に楽しんでいただけたら嬉しいです。

（インタビュー・2022年6月）

長濱ねるさんオススメ長崎観光スポット

テーマパークや大自然 街歩きもおススメ！

ハウステンボスは鉄板ですね。あと小長井町にあるフルーツの形をしたバス停も県内外のみなさんに楽しんでいただけるかと思います。近くに菜の花畑や海があり、すごく自然を近くに感じてそこも長崎県の魅力だなと感じています。

長崎市内だと、鍋冠《なべかんむり》山は私が長崎に住んでいるころからよく訪れていた絶景スポットです。鍋冠山に向かう途中のお寺や歴史ある建造物が坂を上る間に点在しているので、道中も楽しんでいただけます。

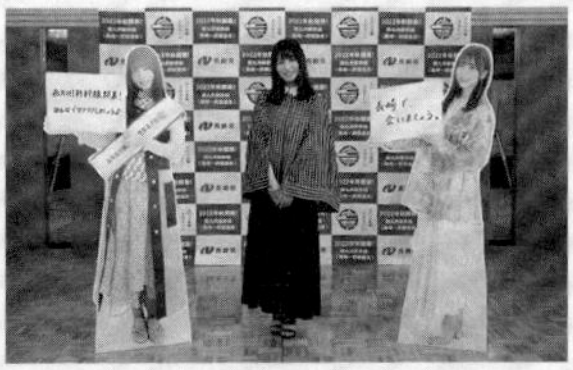

「今回のＰＲイベント用動画の撮影のためにさまざまな観光地をまわりましたが、改めてたくさん歩きたくなる街だなと実感しました」と自身の等身大パネルと並ぶ長濱ねるさん

ハウステンボス

©SASEBO

フルーツバス停

©長崎県観光連盟

鍋冠山

©長崎市観光推進課

「鉄旅愛を語る」特別編②
祝！　2022年只見線全線復旧

六角　精児

Seiji Rokkaku

只見線の自然を絶対に見に来てほしい！

Profile
ろっかく・せいじ

1962年6月24日生まれ。兵庫県出身。劇団善人会議（現・劇団扉座）の旗揚げメンバー。数々の舞台やドラマ、映画に出演。映画「相棒シリーズ 鑑識・米沢守の事件簿」、「すばらしき世界」など出演作多数。鉄道ファンとしても知られ、NHK・BSで「六角精児の呑み鉄本線・日本旅」に出演。ミュージシャンとして「六角精児バンド」を組み活動する一方、2022年4月に初のソロアルバム「人は人を救えない」をリリース

――只見線との出会いを教えてください。

六角　もう20年以上前になるかな。うちの劇団（劇団扉座）が旅公演をした際に会津若松に行って。ホームに降りたときに、〝只見線こちら〟っていう看板があって……時刻表を見たら、本数がなんとも少ない。「これ、本当に存在する路線なのかな？」と思ったけど、どうも今もある模様。なので、翌日、芝居の開演前に実際に乗車して会津坂下あたりまで行って帰ってきたんです。

その時に、「この路線はすごい、全線乗りたいな」と思ったのが最初ですね。それから数年後に、今度は小出の方から乗って会津若松に行こうかなと思ったんだけど、当時のダイヤが、朝の5時台の次が午後1時までなかった。これは、おいそれとは乗れないと一旦諦めたけど、再度、小出側からアプローチ。その時に「これはローカル線中のローカル線だな」と思ったんです。自分はよく只見線を表現する時に使うんですが「海以外の日本の原風景がすべてある」。ローカル線っていくつもあるけど、こんなに素晴らしいところはそうそうないと感じました。

――只見線全線開通に対する思いを教えてください。

六角　国や鉄道会社を、市町村と住民が動かした。下からの力で上が動いたって感じですよね。これにはもう、感動しました。

そして、全線運転再開記念式典が粛々と行われましたが、その粛々とした中での、地元の議員さん、町長さん、そういう方々のスピーチにはそれぞれの熱い思いと周囲への感謝の気持ちが溢れていました。

式典では、奥会津を舞台にした映画を製作された作家の椎名誠さんと共に「只見線のうた」を作った僕も感謝状をいただきました。光栄です。

――只見線でお気に入りの季節は。

六角　春夏秋もどれも見事なんだけど、旧・田子倉駅から大白川駅間の山を越えるところの雪景色は恐ろしくすごい。戦慄を覚えるほどの雪山の中を走りますよ。この雪加減は半端じゃない。只見を越えた越後に向かう山深いところの雪は本当にすごい。僕はやっぱり冬の景色です。

それから、お気に入りの橋梁は第五只見川橋梁。川面に近い、橋が。でも第一只見川橋梁もいいなぁ……。只見線は、「只見線撮影ガイド」を沿線の自治体が出したり、撮影スポットの案内板を出していたりしているんですよ。

只見線沿線の美しい景色は本当に感動します。是非、行ってみたいと思う景色。残してしかるべき路線ですね。日本各地の名所も世界遺産として残しているんだから、ここも日本遺産として残すべきなんじゃないかな。

鉄道って、今どこの路線もほとんど赤字、今後なくなってしまうところが出て来るのも仕方がないことかもしれない。でも、ローカル線を存続させるための工夫や施策、地域活性化のための努力をJR各社の一任するのではなく、国をはじめとした行政もこれまで以上に考えて欲しいと思います。このことはいろんなところで言い続けないと駄目ですよね。

段々、只見線というよりもローカル線全般の話になってきましたけど、旅行者目線で考えると観光列車は乗っていて楽しいと思うので、その路線の特色を活かした観光列車がいままで以上にたくさん出てくればいいですね。

――只見線の場合昼間は通勤通学の人が乗らないから、平日の日中に自由な観光列車がつくれそうですね。費用が5万円、10万円という豪華観光列車でも、それだけの付加価値があれば需要はありそう。

六角　そうですね。急行「奥只見」を復活させるとか、夜行列車を走らせるとか、あとは、例えば583系を使って……あ、もうあの車両は運用されてないか……駄目だ（笑）。じゃあ、国鉄時代の気動車をまた復活させるのもいいかもしれない。

できる範囲でも、アイディアはいっぱいあると思う。だけど、面白いアイディアってなかなか出てこないもの。だからいろんな立場の人に様々な意見を出してもらって〝只見線はこれを日本で初めて走らせた路線〟みたいなユニークなアイディアを作りあげて、赤字を少しでも解消させて、話題作りをして欲しい。とにかく、沿線の人々やローカル線の復活を願う人たちから鉄道会社にアイディアを持ち込めるような風通しの良さも必要なんじゃないですかね。

——只見線らしい、観光列車はほかに何ができそうでしょうか。

六角　〝鉄橋一カ所一カ所に停まる〟とか〝雪の野外氷点下体験ツアー〟とか……。たとえば、どこか雪のある広い場所で停車して「さあ降りろ！」って（笑）。みんなでそこでバーベキューをやる。バーベキューやって、酒を飲む。で、どうしても寒くて無理という人のためには、休憩所として駅とか、暖かい車両とかを用意する。それで3時間ぐらい只見の冬を楽しんで、どこかの駅に帰ってから、温泉に行って翌朝帰るっていうプラン。そういう個性的な企画を作る。温泉施設、宿泊施設もありますし、なんとかなりますよ。もし、自分でよければ、盛り上げるためにそういうツアーに参加して「六角精児と行く〇〇」みたいな感じにしても構いませんよ。

——そんな六角さんプロデュースの観光列車とか企画列車が実現できたらいいですよね。

六角　あとは『家族で行こう、夏のクワガタ号』ですよ。沿線にブナの森があって、いっぱいクワガタがいる。そこにキャンプ場もあるんです。そこでキャンプ体験してもらって、クワガタやカブトムシとか探してまた帰るっていうプラン。僕はクワガタの捕獲に失敗したけどね。桃に焼酎塗りつけて、ストッキングの中に入れてブナの木の根っこに置いといたんだけど、バッタしか採れなかったから（笑）。でもとても楽しい時間だったので、お子さんとかは喜ぶんじゃないかな?

——春は夜行列車をやって、夏はクワガタとバーベキューをやって……

六角　季節に沿った観光列車を走らせるのはいいですね。只見線沿線はご飯も酒も美味しいし。「駅前旅館只見荘」のそばもほんと美味しかったし、「目黒麹店」のラーメンもうまかったな。こんなところなかなかない。

本当に素晴らしい路線なので、ぜひご家族で乗りにいっていただきたいなと思います。お子さんがいたら、お子さんにこの自然を絶対に見てほしいし味わってほしい。スマートフォンやパソコンで只見線の景色を見ても、もちろん美しいけど、行ってみるとまた全然違うから。絵や写真で見たことを、実際に行って見るっていう面白さを、皆さんに知ってほしい。ぜひご家族でお越しください。

（インタビュー・2022年10月）

ブックデザイン　PEACE DESIGN STUDIO

編集　近江秀佳（「旅と鉄道」編集部）
インタビュー・構成　武田元秀
写真　金盛正樹、佐々倉実、千葉高広、萩原和幸、福島啓和、米山真人

鉄道愛を語る　十人十鉄の鉄道話

2023年3月28日　初版第1刷発行

編　者　「旅と鉄道」編集部
発行人　勝峰富雄
発　行　株式会社天夢人
〒101-0051　東京都千代田区神田神保町1-105
https://www.temjin-g.co.jp/
発　売　株式会社山と溪谷社
〒101-0051　東京都千代田区神田神保町1-105
印刷・製本　大日本印刷株式会社

◉ 内容に関するお問合せ先
「旅と鉄道」編集部　info@temjin-g.co.jp　電話 03-6837-4680

◉ 乱丁・落丁に関するお問合せ先
山と溪谷社カスタマーセンター　service@yamakei.co.jp

◉ 書店・取次様からのご注文先
山と溪谷社受注センター
電話 048-458-3455　FAX 048-421-0513

◉ 書店・取次様からのご注文以外のお問合せ先
eigyo@yamakei.co.jp

Printed in Japan
ISBN978-4-635-82439-2